文章読解(どっかい)に

学習指導要領対応

KUMON

この本の使い方

❶ 1回からじゅんに、学習しましょう。

❷ 問題をといたら、答え合わせをして、点数をつけます。つけ方がわからないときは、おうちの方に見てもらいましょう。答えに文字数などの指定がない場合、習っていない漢字は、ひらがなで書いていても正かいです。

❸ まちがえたところは、かいせつを読んでもう一度取り組みます。100点にしたら、終わりです。

※ かんまつの「別冊解答書」は、取り外して使います。

もくじ

1 せつ明文

話題とせつ明をつかむ―話題

きほん ★★★

点

◆次の文章を読んで答えましょう。

モグラのもうひとつの特ちょうは、短いしっぽでしょう。さて、なぜしっぽが短いのでしょうか？

これも、トンネル生活と関係があります。モグラは体にぴったりなトンネルで生活しています。すでに書いたように、モグラは感しょくを手がかりに生活している生き物で、鼻先以外では、体の毛がふれる感覚も大切なようです。そこで、自分の体にぴったりなトンネルをほって、体の周囲に生えている毛が、かべにふれるようにしています。おそらく、この方がトンネル内の様子が、よく「見える」のでしょうね。

ところが、体にぴったりなトンネルの中では、いくら体をよじろうとしても、ぎゃくむきに方向をかえることができません。これは、こまり

「問い」の文やくり返し出てくる言葉に注目して、文章の話題をとらえましょう。

1 この文章は、何について書かれていますか。（一つ15点）

モグラの（　　　）が、なぜ（　　　）のかということについて。

はじめの段落の「問い」の文に注目して、話題をつかもう！

2 「トンネル内の様子が、よく『見える』」ように、モグラはどのようなトンネルをほりますか。（20点）

（　　　）なトンネル。

ました。しかたなく、モグラはいろいろな場所に丁字路を作って、ここで車の車庫入れをするようにして、進む方向をかえています。

それでは、丁字路にたどり着く前に、きん急のじたい（たとえば、ぼくがこのモグラをほり起こそうとしてシャベルをつっこんだ）が起こったときは、どうするのでしょうか？　このときには、前に進むのと同じくらいの速さで、後ろへ進むことができます。モグラはびっくりすると、かならず後方へにげるようです。こわれているかもしれないトンネルの前方へにげるよりは、通ってきた後方へにげた方が安全だということを、体で覚えているのでしょうね。

このとき、しっぽが長かったらどうでしょう。自分のしっぽをふんづけて、うまく後ろへ行けないかもしれません。せまい空間で、長いしっぽはじゃまになります。後ろむきに、速いスピードでにげるなんてことは、できません。だから、モグラのしっぽは短くなっている、と考えられています。

（川田伸一郎『はじめまして モグラくん』少年写真新聞社）

3 モグラは、丁字路にたどり着く前に、きん急のじたいが起こったとき、どのように進みますか。一つえらんで、〇をつけましょう。（30点）

ア（　）これまでよりも速く、トンネルの前に進む。

イ（　）前に進むよりもゆっくりな速さでトンネルの真下に進む。

ウ（　）前に進むのと同じくらいの速さでトンネルの後ろに進む。

4 この文章の内ようとして、合うものを一つえらんで、〇をつけましょう。（20点）

ア（　）モグラは、せまいトンネルの中で、しっぽを上手に使ってむきをかえる。

イ（　）モグラは、しっぽが短いことで、トンネルの中で速く後ろへ進むことができる。

ウ（　）モグラは、自分のしっぽをふんでしまうので、トンネルの中では速く進めない。

2 せつ明文

話題とせつ明をつかむ―話題

練習 ★★★

点

◆次の文章を読んで答えましょう。

1 新聞は紙に文字を印刷しているということが、他のメディア*1との最大のちがいです。情報がおそい、映像がないなど、欠点もあります。でも、新聞のよいところもたくさんあります。

2 まず、資料・記録性です。新聞には図や写真、グラフ、地図などがたくさんのっています。①これらは、一目でわかるように工夫されています。興味のある記事などといっしょに切りぬいてノートにはっておけば、ノートをなくさない限り消えてしまうことはありません。

3 いつでも、どこでも、何度でも、自分のペースで情報が得られることも大きな特ちょうです。テレビのような機器はいりません。パソコンやラジオ、電気もネットワークにつながるLAN*2もいりません。

4 読みたいところで、読みたい記事から読み進

1 この文章は、何について書かれていますか。一つえらんで、○をつけましょう。（10点）

ア（　）ラジオの特ちょうについて。

イ（　）新聞の特ちょうについて。

ウ（　）写真の特ちょうについて。

くり返し出てくる言葉や、くわしくせつ明されていることに注目しよう！

2 ①「これら」とは何ですか。（一つ10点）

［　　　　］にのっている、［　　　　］のこと。

3 3と4の段落の内容に合うものを一つえらんで、○をつけましょう。（10点）

められます。そして、記事の内容が理解できるまでじっくり読み直したり、逆に興味のない記事はとばして読み進めたりすることもできます。

5 大好きなアイドルのことや、お気に入りのドラマの内容を、みなさんはきっとよく知っているでしょう。

6 好きなことは意識しないでも自然と情報を集め、くわしくなっていきますね。

7 逆に興味のないことについては、自分から情報にふれることはあまりありません。知らなくても、困らないからです。

8 新聞を手にしてページをめくっていると、日ごろは興味がない分野の記事でも、写真や見出しにひかれて読むことがあります。見出しを見たり、前文を読んだりするだけで、ごく短時間に世の中を知ることもできます。②これも新聞のよいところです。

（木村葉子『新聞は、あなたと世界をつなぐ窓』汐文社）

＊1　メディア…テレビ、ラジオ、新聞など、情報をつたえるときに間に立つもの。　＊2　ネットワーク…いくつかのコンピュータをつないだもの。「LAN」もそのうちの一つ。

ア（　）新聞で、自分のペースで情報を得るためには、LANがひつようである。

イ（　）新聞は、記事の内容が理解できるまでじっくり読まなければならない。

ウ（　）新聞は、読みたいと思った記事から読み進めることができる。

4 ②「これ」とはどういうことですか。（一つ15点）

・新聞は、（　　）がない分野の記事でも、（　　）や見出しにひかれて読むことがあるということ。

・新聞は、見出しや（　　）を読むだけで、ごく短時間に（　　）を知ることができるということ。

◆次の文章を読んで答えましょう。

〔野菜やくだもの、魚、肉、チーズなど、干した食べものはいろいろある。

世界じゅうでいろいろなものが干されて、食べられている。

でも、どうして干すのだろう？　干しがきは、しぶくて食べられないかきが干したから、あまくなる。だけど、ほかのものは？　野菜だって、くだものだって、魚だって、干さなくても食べられる。干したら、なにがかわるのだろう？

スルメ（干したイカだ！）と生のイカをくらべてみよう。なにがちがう？　スルメはかたい。板みたい。生のイカはやわらかい。くにゃっとしている。干したから、かたくなった。

干した大根と生の大根。くらべてみたら、なにがちがうだろう？　これはどちらも五十一グラム。同じ重さなのにこんなにちがう！　干し

1　この文章は、なにについて書かれていますか。（一つ15点）

食べものを（　　　　　　）干すのか、
干したら（　　　　　　）のか。

2　イカと大根について、表にまとめましょう。（一つ15点）

	イカ	大根
干したもの	・板みたいに（　　　　）。	（　　　　）。
生	・やわらかい。・くにゃっとしている。	重い。

たから、軽くなった。

干したら、かたく、軽くなった。それは、「水分」がぬけたから。たとえば、このみかん。しぼってみると、汁がいっぱい出てくる。こんなふうに、食べものにはたくさんの水分がふくまれている。干したら、その水分だけがぬけるのだ。

▲生の大根

▲干した大根

水分がたっぷりの食べものは、そのままおいておくと、カビなどの、目に見えない小さい生きものがくっつき、それらがふえて、くさってしまう。□、干して水分をぬく。干したから、くさりにくくなる。

（中りゃく）

少しでも食べものがくさらないように、長く食べられるような工夫をした。そんな方法のひとつに、干すということがあったのだ。

（森枝卓士『干したから…』フレーベル館）

3 □に合う言葉を一つえらんで、○をつけましょう。（10点）

ア（　）だから

イ（　）さらに

ウ（　）そして

4 「干すということ」はなんだと筆者は言っていますか。（一つ15点）

少しでも食べものが（　　　）ように、（　　　）ようにした工夫。

干したことによってどんなよいことがあるかを読み取ろう!

4

せつ明文

話題とせつ明をつかむ ―指ししめす言葉・つなぐ言葉

きほん ★★★

点

◆次の文章を読んで答えましょう。

なぜ、キュウリはにがいときがあるのでしょう。レモンはなぜすっぱいのでしょう。

それ以外でも、よくうれたくだものはあまくおいしいのですが、じゅくしていないくだものは、なぜ、すっぱかったり、にがかったりするのでしょう。

それは、①そのとき、キュウリやレモンや、そのほかのくだものがまだ食べられたくなかったからなのです。

「もう少し食べるときをのばしてください。いまは食べないでください」という、いわば植物のことばです。

（中りゃく）

でも、レモンがいつもすっぱいのは、われわれ人間が、わざわざ、その時期をえらんでいる

指ししめす言葉や文をつなぐ言葉に注目して、せつ明の内ようをとらえましょう。

1 ①「そのとき」とは、どんなときですか。（20点）

キュウリやレモンなどが、すっぱかったり、

（　　　　　　　　　　）するとき。

「その」などが指す内ようは、「その」よりも前の部分に書いてあることが多いよ！

2 ②「けれど」の後には、どのような内ようがつづきますか。合うものを一つえらんで、○をつけましょう。（20点）

ア（　）前の文についてのれい。

イ（　）前の文と同じ内よう。

ウ（　）前の文と反対の内よう。

ためです。人間は、あのすっぱさがすきなのですね。

植物は、自分の実をこん虫や、動物に食べられることにより、*受粉をし、タネをはこんでもらって子孫を残していかねばなりません。②けれど、あまりに早く、タネがじゅくさないうちに食べられると、こまるわけです。

では、③「もう食べてもいいですよ。どうぞ、食べてください」というサインはなんでしょう？それは、キュウリからにがみが消え、くだものはあまくなり、かおりもいかにもおいしそうなかおりになることです。そのころ、くだものなどのタネは、りっぱにじゅくしていて、鳥や動物にどこへはこばれても、もうだいじょうぶ芽を出すことができるというわけです。

にがかったり、すっぱかったりで、植物は自分の気持ちを伝えているのですね。

（野田道子『植物は考える生きもの!?』PHP研究所）

＊ 受粉…めしべの先に、おしべの花粉がつくこと。

3 ③「『もう食べてもいいですよ。どうぞ、食べてください』というサイン」について答えましょう。

(1) どのようなサインですか。（一つ15点）

キュウリから〔　　　〕が消え、くだものは〔　　　〕なり、おいしそうなかおりになること。

(2) サインが出るころ、くだものなどのタネはどうなっていますか。（一つ15点）

りっぱに〔　　　〕いて、どこへはこばれても、〔　　　〕ことができるようになっている。

話題とせつ明をつかむ
——指しめす言葉・つなぐ言葉

点

◆次の文章を読んで答えましょう。

　ひれを指のある手足に変化させ、歩くことを手にいれた背骨のある生き物は、地上でまた①さまざまな種類に分かれます。

　そして、現在のヘビやカメの*1祖先にあたる、は虫類からきょうりゅうが生まれます。さらにきょうりゅうのなかには、体の表面をおおうろこが、羽毛に変化したなかまが出てきます。鳥の祖先です。

　きょうりゅうというと、その姿からトカゲやワニが生きのこりと思われますし、かつてはそう考える学者もいました。［　　］いまは研究がすすみ、きょうりゅうとも鳥とも見えるような生物の化石も見つかって、きょうりゅうの子孫は鳥だということが明らかになっています。

　さて、この鳥ですが、歩くために手にいれた前足、ヒトでいう手を、思いきり変化させてし

1 ①「さまざまな種類に分かれます」とありますが、その後、どんな生き物が生まれましたか。じゅんに書きましょう。（一つ10点）

ヘビやカメの祖先にあたる（　　　　）。

→（　　　　）。

→（　　　　）の祖先。

2 ［　　］に合う言葉を一つえらんで、○をつけましょう。（10点）

ア（　）だから

イ（　）しかし

ウ（　）たとえば

まいました。

それは、②歩くことより、飛ぶことのほうが鳥にとってつごうがよかったからです。さて、よかったわけはなんでしょう。

鳥は、前足が変化したつばさで空を飛ぶことで、陸の上を歩くより敵も少なく、おそわれることもへったはずです。えさも高い木の上のこん虫や実を食べたり、小動物を空からねらったりもできたでしょう。このように飛べることは、鳥には大きな*2利点となりました。

生き物にとって、いちばん大切なことは、子孫をふやし生きつづけることです。ほかのなかまより生きのこることに体の形がつごうよく変化したものだけが、子孫をふやすことができ、その体の変化も受けつがれていくのです。これが③進化の仕組みです。

（山本省三『ヒトの親指はエライ!』講談社）

＊1　祖先…ある生き物が、今の形に進化する前のもの。

＊2　利点…すぐれたところ。

3 ②――とありますが、それはなぜですか。（一つ10点）

・空は陸より敵も少なく、（　　　）こともへるから。

・高い（　　　）のこん虫や実を食べたり、（　　　）を空からねらったりすることができるから。

4 ③「進化の仕組み」とは、どのようなことですか。次の文の(1)～(3)に合う言葉を、後の［　］からえらんで、記号を書きましょう。（一つ10点）

生きのこることにつごうよく［(1)］が［(2)］したものだけが、［(3)］をふやすことができ、体の［(2)］も受けつがれていくということ。

(1)（　　）　(2)（　　）　(3)（　　）

ア　変化　　イ　子孫　　ウ　体の形

6 せつ明文

話題とせつ明をつかむ ——指ししめす言葉・つなぐ言葉

◆次の文章を読んで答えましょう。

日本語に昔からある言葉には、単語を作る時の「音」についてのルールがいくつもありました。①たとえば、単語の一文字目の「音」について、「だく音(「゛」がつく音)」と「半だく音(「゜」がつく音)」、そして「ラ行の音(ら・り・る・れ・ろ)」は来ない、という決まりがあったのです。

②それを聞くと、少しふしぎに思いませんか。「がっこう」「げんき」「びょういん」などはじめに「゛」がついている語や、「パン」「ページ」「ポイント」のように、「゜」がついている語、そして「りす」「りんご」「れいぞうこ」のように「ラ行」から始まっている語もたくさんある気がしますよね。しかし、実は、こういった言葉は、昔からある日本語ではなくて、中国やほかの外国から日本に入ってきて、後から使われるようになったものなのです。

練習 ★★★

点

1 ①「たとえば」は前の文と後の文をどのようにつないでいますか。合うものを一つえらんで、○をつけましょう。（10点）

ア（　）前の文と後の文をくらべている。

イ（　）前の文の理由を後の文でのべている。

ウ（　）前の文の例を後の文でしめしている。

2 ②「それ」は、何を指していますか。（一つ15点）

日本語の単語の（　　　）の「音」には、だく音や半だく音、（　　　）の音は来ない、という決まりがあること。

「それ」の前の文には、何が書かれていたかな？

□、③＊ぎ音語・ぎたい語だけは、昔からこのルールを守らず、比較的自由に言葉を作っていました。「ざらざら」「ぎろぎろ」「ぱたん」「ぽつぽつ」など、「゛」「゜」から始まる語も、昔から多く使われていたのです。「ラ行」から始まる言葉は少ないですが、「りんりん」などがあります。

ここでは単語の一文字目の音を例としてしょうかいしましたが、このように、ぎ音語・ぎたい語は、「音」の使用についてのルールが、ほかの言葉にくらべてずっとゆるいのです。特別あつかいがゆるされているというわけです。

このように、「ルールにしばられにくい」という特ちょうは、現在でも生きていて、それまでなかった新しい「音」を取り入れる時にはっきされます。

（佐藤有紀『「感じ」が伝わるふしぎな言葉　擬音語・擬態語ってなんだろう』少年写真新聞社）

＊ぎ音語・ぎたい語…「オノマトペ」ともいう。「ざあざあ」「わんわん」「がっかり」など、音や声、人の動きや気持ちなどを表すもの。

3 □に合う言葉を一つえらんで、○をつけましょう。（10点）

ア（　）ところが
イ（　）だから
ウ（　）たとえば

4 ③「ぎ音語・ぎたい語」について答えましょう。

(1) どのような特ちょうがありますか。（一つ15点）

「音」の使用についての（　　　）が、ほかの言葉にくらべてずっと（　　　）という特ちょう。

(2) (1)の特ちょうは、どのような時にはっきされますか。文章から二十一字でさがして、そのはじめの五字を書きましょう。（20点）

□□□□□

文章の後半に注目しよう！「」（かぎかっこ）も、一字として数えるよ。

◆次の文章を読んで答えましょう。

これからの社会は、どんなふうに変わっていくでしょう。

インターネットがさらに世界のすみずみにまで広まり、だれもが好きなときに、世界中の情報をえられるのが、当たり前になります。世界をぶたいにした仕事は、いっそうふえるでしょう。

*1SDGsを、世界の国が協力しておしすすめる機会もふえるはずです。そんな、世界の結びつきが深まることを「グローバル化」といいます。

（中りゃく）

人間が、*2AIやロボットといっしょに働くこともふつうになります。そんなとき、人間にしかできないことが求められます。

［　　］、今何が必要か、どんなことをすればよりよくなるか、と考える「創造力」は大切です。

また、まわりの意見をききながら自分の意見もいえる「コミュニケーション能力」も重要です。

おうよう ★★★

1 これからの社会は、どんなふうに変わっていくと書かれていますか。表にまとめましょう。（一つ10点）

インターネット	SDGs	AIやロボット
さらに世界のすみずみにまで広まる。 ↓世界をぶたいにした（　　）がふえる。	世界の国が（　　）しておしすすめる機会がふえる。 ↓世界の（　　）が深まり、グローバル化する。	AIやロボットと（　　）こともふつうになる。 ↓人間にしかできないことが求められる。

点

そして、世の中がどう変わろうとも、昔からずっと大切なこともあります。それは、約束を守ること、まわりに気を配る心、がんばる気持ちです。何より自分の心や体を守ることは、いうまでもありません。

あなたも、英語やプログラミングを習っていますね。総合的な学習の時間やアクティブ・ラーニング*3で、調べたり考えたり、自分なりに答えをみちびいたりしているかと思います。

道徳、図工、音楽、体育など、どんな教科もみんな大切です。あなたが今学校でやっていることに、一生けんめい取りくめば、あなたの将来にとって大事な力は、自然と育つはずです。

（長田徹監修『そうなんだ！しごとのお話』Gakken）

＊1　SDGs…世界中の人々がこれからも地球でくらしつづけていくことができるように立てられた、国さいてきな目ひょう。

＊2　AI…学習や記おくなどをする、人間の能力に近いコンピュータのはたらき。

＊3　アクティブ・ラーニング…話し合いや調べものなどを取り入れた、自分からすすんで学ぶことを大切にする学習の方ほう。

2　□に合う言葉を一つえらんで、○をつけましょう。（10点）

ア（　）たとえば　イ（　）それとも

ウ（　）ところで

3　——とは何ですか。（一つ10点）

約束を守ること、まわりに（　　）心、（　　）気持ちと、自分の（　　）や（　　）を守ること。

4　筆者は、どのような考えをのべていますか。一つえらんで、○をつけましょう。（10点）

ア（　）学校で勉強するよりも、自然の中で時間をすごすことが大切だ。

イ（　）将来のため、今やっていることにしっかり取りくむことが大切だ。

ウ（　）英語やプログラミングは、いろいろな教科の中でいちばん大切だ。

話題とせつ明をつかむ
―指ししめす言葉・つなぐ言葉

おうよう ★★★

点

◆次の文章を読んで答えましょう。

昔の日本人はペラペラしゃべるより、だまっているほうがえらいと思っていました。[　　]おおぜいの人の前で自分の意見をいう「スピーチ」(演説)というものがなかったんだよ。

でも世界の人たちとつきあうには、自分の意見をちゃんということがとてもだいじだよね。

そこで①*諭吉先生は演説を練習する建物を大学の中につくって、みんなで練習したんです。

ぼくも、みなさんに「②一分スピーチ」をすすめます。

まず何をいいたいのか、いいたいことを一つきめよう。そして最初に「これから、これこれについてお話しします」と、それを話してしまうんだ。

そして最後に、もう一度そのいいたいことをくり返して、「だからこれこれがいいと思います」

1 [　　]に合う言葉を一つえらんで、○をつけましょう。(10点)

ア(　) しかし　イ(　) だから　ウ(　) または

2 ①――とありますが、それはなぜですか。(10点)

世界の人たちとつきあうには、

(　　　　　　　　　　)

だから。

3 ②「一分スピーチ」での話し方を、表にまとめましょう。(一つ20点)

最初
「これから、これこれについてお話しします」と、[　　　　　　]を話す。

というふうにしめくくると、わかりやすいよ。
と中には、「なぜそう考えたか」「なぜそれがだいじか」、話のポイントを二つか三つ、入れておきます。ポイントは多くても三つまでにとどめておきましょう。
「だいじなポイントは二つあります。一にこれ、二にこれ。だからこうです」というと、一分の中にきちんといいたいことがおさまります。これとこれを話そう、というメモをつくっておくといいと思います。

それから話すときは、必ず相手のほうをみて、ゆっくり深呼吸をして、みんなをみわたすようなかんじで話す。二、三人、やさしそうな人をみつけて、その人たちを順番にみながら話してみるのがいいかもしれないね。

＊諭吉先生…福沢諭吉のこと。明治時代のはじめに、自由、平等、学問の大切さを広めた。『学問のすすめ』などを書いた。

（齋藤孝『こども「学問のすすめ」』筑摩書房）

と中	最後
「なぜそう考えたか」「なぜそれがだいじか」という、［　　　　　］を話す。	「だからこれこれがいいと思います」というふうに、話題を［　　　　　］話す。

4 ［　］には、話すときの注意点が書かれていますが、聞くときは、どのようにするとよいと思いますか。理由も考えて書きましょう。（20点）

表げん力

（　　　　　）

話す人の気持ち、聞く人の気持ちになって考えてみよう。

9 物語

内ようをつかむ――場面・出来事

きほん ★

点

◆次の文章を読んで答えましょう。

〔友子は、おとうさんたちと山へいき、たぬきの親子を見つけた。子だぬきたちはじゃれあっていたが、一ぴきだけ、みんなとはなれてすわる子だぬき（後のモユちゃん）がいた。〕

あのとき、もし友子が、草のつるに足をひっかけてころんで、「うええん」と、大きな泣き声をあげていなかったら、①モユちゃんは、友子のうちには来ていなかったかもしれません。

というのは、友子の泣き声で、親だぬきも、ほかの子だぬきも、あわててにげていってしまったのに、さっきのあの一ぴきだけがにげることができなくて、そのへんをうろうろするばかりでした。

それを、おとうさんがつかまえたのです。その子だぬきは、発育がわるいせいか、よろよろ歩きのうえに、よく見ると、うしろ足にけがをしていました。

人物や人物のまわりで起こったことに注目して、場面や出来事をとらえましょう。

1 ①「モユちゃんは、友子のうちには来ていなかったかもしれません」とありますが、モユちゃんが友子のうちに来たのは、どんな出来事があったからですか。（一つ15点）

〔　　　　〕が草のつるに足をひっかけてころび、大きな〔　　　　〕をあげたこと。

2 おとうさんがモユちゃんをつかまえたときのことについて、答えましょう。

(1) モユちゃんは、どんな様子でしたか。二つえらんで、○をつけましょう。（一つ15点）

「きっと、この子だぬき、みんなについてここへ来るだけで、せいいっぱいだったのね。かわいそうに。」

と、おかあさんがいいました。

「うん。そうだろうな。」

おとうさんはそういうと、どこか近くにたぬきの巣穴がないかとさがしました。もし、巣穴が見つかれば、そこへもどしてやろうと思ったのです。

でも、巣穴は見つかりませんでした。

「しかたがないな。この傷じゃ、このままおいていくわけにもいかんし。つれて帰って、傷の手当だけでもしてやろう。」

と、おとうさんはいいました。

もちろん、みんなは、下の川ですくうはずになっていたとげうおのことなど、すっかり忘れてしまっていました。

こうして、②モユちゃんは、その日から、友子のうちのひとになったのです。


（安藤美紀夫『いつか、おかあさんを追いこす日』小峰書店）

ア（　）すばやくにげまわっていた。
イ（　）よろよろ歩いていた。
ウ（　）うしろ足にけがをしていた。
エ（　）鳴き声をあげていた。

(2) おとうさんは、モユちゃんをどうしようと思っていたのですか。（20点）

たぬきの巣穴を見つけて、そこへモユちゃんを〔　　　　〕やろうと思っていた。

3 ②「モユちゃんは、その日から、友子のうちのひとになった」とは、どういうことですか。合うほうに○をつけましょう。（20点）

ア（　）モユちゃんが、友子のうちでかわれることになったということ。
イ（　）モユちゃんが、親だぬきのもとに帰ろうとしなくなったということ。

「友子のうちのひとになった」とは、友子の家族のようになったということだよ。

10 物語 内ようをつかむ―場面・出来事

練習 ★★★

点

◆次の文章を読んで答えましょう。

〔自転車にのった男の子が、女の子に近づいてきて、女の子の前で、横だおしになりました。〕

「①あ、あぶない。」

と、女の子がいったのと、ほとんどいっしょでした。男の子は、じゃり道にほうりだされて、ちょっとのあいだ、うごきませんでした。

女の子は、そっとそばによって、のぞいて見ました。手とひざがひどくすりむけて、ちがにじんでいました。女の子は、②とたんに思いつきました。

「しっぽであらってあげましょう。」

女の子は、川のどてを、とてもうまくすべりおりました。しっぽのさきに水をつけると、またいそいでどてをのぼって、男の子のひざを、やさしくていねいになでました。もう一度はしっていって、こんどは、手のきずをきれいにしました。すなも、ちも、すっかりとれました。

1 ①「あ、あぶない」と女の子がいったとき、どんなことが起こりましたか。（20点）

自転車が横だおしになって、のっていた男の子が、じゃり道に〔　　　　〕しまった。

2 ②「とたんに思いつきました」とありますが、女の子は、どんなことを思いついたのですか。（一つ15点）

女の子の言葉の後の部分をよく読もう。

ひどくすりむけて、〔　　　　〕がにじんでいる男の子の手とひざを、〔　　　　〕であらってあげること。

3 ③「ふと気がつきました」とありますが、男

まだなみだのたまっている目で、ぼんやりと、少年は、やわらかいものできずをあらってくれる女の子を見ていました。これは子だぬきの「しっぽ」だ、と。そして、③ふと気がつきました。

女の子は、きずをあらいおわって、ほっとあんしんしたとき、はじめて気がついて、あわてて、しっぽをうしろにかくしました。

④少年は、このやさしい子だぬきに心からかんしゃして、なにかおれいによろこばせてあげたい、と、思いました。

ふたりは、道ばたの草のうえにならんですわりました。少年は、ポケットからキャラメルをだして、女の子といっしょにたべました。女の子は、とてもおいしいと、思いました。少年は、町で見たおもしろいはなしを、できるだけくわしくはなしました。女の子は、おかあさんとたべた、くわのみのはなしをしました。

（佐々木（ささき）たづ「少年と子だぬき」『世界児童文学全集（せかいじどうぶんがくぜんしゅう）第30』あかね書房（しょぼう））

の子はどんなことに気がついたのですか。合うものを一つえらんで、○をつけましょう。（20点）

ア（　）女の子は、前から自分が知っている子だったということ。

イ（　）女の子が、たおれた自転車も元通り（もとどおり）にしてくれたということ。

ウ（　）女の子の正体は子だぬきで、しっぽできずをあらってくれたということ。

すぐ後の部分を読もう。女の子は、なにできずをあらってくれていたのかな？

4 ④――とありますが、男の子はなにをしてあげたのですか。二つえらんで、○をつけましょう。（一つ15点）

ア（　）町で見たおもしろいはなしをした。

イ（　）なんども心をこめておれいをいった。

ウ（　）キャラメルをあげていっしょにたべた。

エ（　）くわのみをあげるやくそくをした。

11 物語　内ようをつかむ――場面・出来事

おうよう ★★★

◆次の文章を読んで答えましょう。

「あんれ、めんこい（かわいい）さつねっこだぁ」

子ぎつねはおやにはぐれたのか、おかのふもとのこやまでついてきた。

ばあさんが小ざかなをだしてやると、子ぎつねはぺろりとたべた。

かえろうとしない子ぎつねをみて、ばあさんは赤いリボンをくびにむすんでやった。むすびめにきつねざくらをひとつつけてやった。そして、

「もうちょっと大きくなるまで、うちの子になってけれ。な、ちびこや」

ちびこはじいさんとばあさんに、だんだんなついてきた。

きのうは、ばあさんといっしょに、ふきやせりをつみにでかけていった。

きょうは、じいさんとうみへでてさかなつり。

❶ こやまでついてきた子ぎつねに、ばあさんは、どんなことをしてやりましたか。（一つ10点）

・〔　　　〕をたべさせた。

・〔　　　〕をくびにむすんだ。

・「〔　　　〕」という名前をつけた。

❷ ――とありますが、子ぎつねは、ばあさんやじいさんとどんなことをしましたか。それぞれに合うものを、後の［　］から選んで、記号を書きましょう。（一つ10点）

・ばあさんと…〔　　〕

・じいさんと…〔　　〕

点

きたのうみは、まなつでもさむい。

くる日もくる日も、ふかいきりがたちこめて、お日さまがかおをだすことはめったにない。

みじかいなつのおわりのある日。

ばあさんは、はまべであつめたこんぶをほしていた。

ちびこは、いたずらにむちゅうになっていた。

そんなとき、ふかいきりのむこうから、黒いかげがちかづいてきた。

「なにかかわったことはなかったか」

きたのうみをまもるへいたいの、みまわりのふねだった。

「おっ、きつねがいるぞ」

ひとりのへいたいが、てっぽうをかまえた。

「だめじゃ、ちびこをうっちゃならねえっ」

ばあさんは、おもわずちびこをだいてにげようとしたが、石につまずいてたおれてしまった。

へいたいたちは、なにもしないでかえっていった。


（高橋宏幸『チロヌップのきつね』フォア文庫　金の星社）

ア　うみへでて、さかなつりをした。
イ　はたけでやさいを作った。
ウ　ふきやせりをつみにでかけた。

3 文章を前半と後半に分けるとしたら、後半はどこから始まりますか。はじめの五字を文章から書きぬきましょう。（20点）

□□□□□

4 文章の前半と後半では、どのようなことがえがかれていますか。（一つ15点）

前半	後半
じいさんと（　　　）になついた子ぎつねは、平和にくらしていた。	へいたいに（　　　）でうたれそうになった子ぎつねは、ばあさんに助けられた。

内ようをつかむ―気持ち・せいかく―

きほん ★★★

点

◆次の文章を読んで答えましょう。

朝、学校へでかけるしたくをして、マユミがつくえのうえをみると、今日の算数の時間につかうコンパスが、みあたりません。

「①おかあさん、コンパスどこへやったの？」

あわてて、おかあさんにきいてみると、

「さあ、しりませんよ」

と、おかあさんはいいました。

「じゃあ、また、ケンちゃんがいたずらして、もちだしたのね」

ぷりぷりして、マユミはいいました。

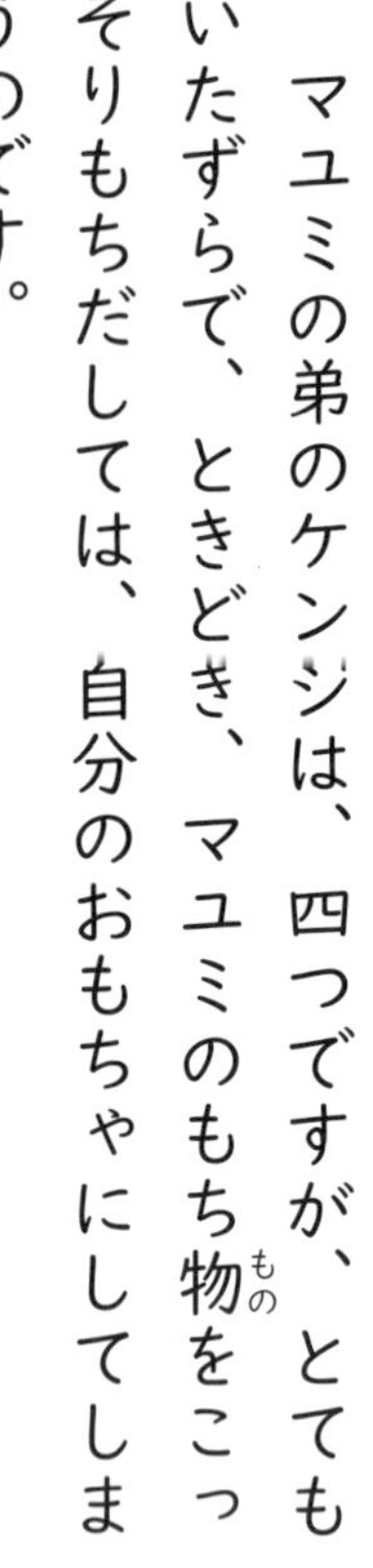

マユミの弟のケンジは、四つですが、とてもいたずらで、ときどき、マユミのもち物をこっそりもちだしては、自分のおもちゃにしてしまうのです。

そのケンジは、もう、大すきなジョンと、ど

人物の言葉や様子・行動に注目して、気持ちやせいかくをとらえましょう。

1 ①「おかあさん、コンパスどこへやったの？」ときいて、しらないといわれたマユミは、コンパスがない理由をどのように考えましたか。一つえらんで、〇をつけましょう（20点）

ア（　）本当はおかあさんがどこかへやってしまったから。

イ（　）弟のケンちゃんがいたずらをして、もちだしたから。

ウ（　）前の算数があった日に、学校にわすれてきてしまったから。

おかあさんの答えをきいた後の、マユミの言葉に注目しよう。

こかにあそびにいってしまったらしく、さがしても、どこにもみえません。

「ケンちゃんには、まったく、こまってしまうわ」

おこったように、マユミがいうと、

「②でも、ケンちゃんばかり、わるくはいえませんよ。ケンジは、まだ、小さいんですもの。あなたのほうで、大切なものは、ちゃんと、ひきだしのなかにしまっておかなくっちゃ」

と、おかあさんがいいました。

それが、マユミには、自分だけがしかられているようにきこえました。

おかあさんは、いつだって、ケンちゃんの味方ばかりしている、とマユミはおもい、くやしさで、むねがいっぱいになりました。

「いいわ。おかあさんったら、わるいことは、なんでも、あたしのせいにするんだから……」

マユミは、□声でいうと、いそいで家をでてしまいました。

（大石　真「おかあさんの手」・『日本の名作童話12』岩崎書店）

2 ❶のようにおもったマユミは、どんな気持ちになりましたか。一つえらんで、○をつけましょう。（20点）

ア（　）しかたがないとあきらめる気持ち。

イ（　）コンパスを早く貰いたいという気持ち。

ウ（　）ケンちゃんにはらを立てる気持ち。

3 ②——というおかあさんの言葉をきいて、マユミはどんな気持ちになりましたか。（一つ20点）

おかあさんは、いつもケンちゃんの〔　　　〕ばかりするとおもい、〔　　　〕で、むねがいっぱいになった。

4 □に合う言葉を一つえらんで、○をつけましょう。（20点）

ア（　）のんびりした　イ（　）とがった

ウ（　）やさしい　エ（　）明るい

内ようをつかむ―気持ち・せいかく

練習 ★★★

点

◆次の文章を読んで答えましょう。

四年生の「ぼく」と親友のきっくんは、つりではライバル。きょうは、きっくん、三年生のなおと、弟のタケと、ブラックバスつりに来た。「ぼく」は、ギザ歯のオオグチと名づけた大きなブラックバスをつってやろうとねらっていたが、うまくいかない。

「やったー！」

つりあげられたそいつは、体長二十五センチをゆうにこえている。まるでこいのぼりみたいに大きな口の先に針をひっかけられて、きょとんとした顔つきで、きっくんの手にぶらさがっている。こんなときはさわいでもむだってわかってるのか、ときどき胸ビレをピクンピクンと動かすだけでおとなしくしている。そのふてぶてしさに①ぼくは不安になった。

――ひょっとして、ギザ歯のオオグチ？

「おーい、なおと、タケ。つれたでー。」

きっくんは、池の反対側であそんでいるタケたち

1 ①「ぼくは不安になった」とありますが、なぜ不安になったのですか。文章から八字で書きぬきましょう。（25点）

きっくんが、自分より先に□□□□□□□□をつったのではないかと思ったから。

2 ②「その気持ち」とは、どんな気持ちですか。一つえらんで、○をつけましょう。（25点）

ア（　）魚がつれたので、ほっとする気持ち。

イ（　）今度はもっと大物をつってやろうという気持ち。

ウ（　）つれたことがうれしくて、みんなに知らせたい気持ち。

次の文に注目しよう。「ぼく」は、きっくんの気持ちがわかったんだね。

に大声をあげた。②その気持ち、よくわかる。つれたときって、「つれた、つれた。」ってだれにでもいいふらしたくてたまんなくなるんだ。

（中りゃく）

「すっげえ。やっぱり歯がはえとる。」

タケは目をまるくして、ほら穴みたいなブラックバスの口のなかをのぞいている。なかはうすピンク色で外からの光にすけていて、とてもきれいだ。

「指いれるなよ、タケ。バスはどうもうじゃけ（だから）、くわれるぞ。」

ザリガニにはさまれたいたさを思いだしたのか、タケは手を背中にまわしてとびのいた。

「でも、さっきにいちゃんがつりそうになったやつは、もっとでかかったで。」

③そのことばにぼくは生きかえる。

「そうよなあ。でかかったよなあ。」

ぼくとタケは顔を見あわせて、うなずきあった。「なあ。」のところがハーモニーになった。たまに、タケが生まれていらい、まだたったの三回くらいだけど、こんなときがある。こんなときはさすがにぼくだって、④タケをかわいいと思う。

（八束澄子『はなまる日曜日』講談社）

3 ③「そのことばにぼくは生きかえる」とありますが、「ぼく」はなぜ、このように感じたのですか。□に合うことばを、後の□から えらんで、記号を書きましょう。（25点）

タケが、□といういう意味のことをいってくれたから。

〔　　〕

ア 「ぼく」がほかのだれよりもつりがうまい
イ 「ぼく」がつりできっくんに負けてはいない
ウ きっくんがずるをして大きな魚をつった

4 ④「タケをかわいいと思う」とありますが、「ぼく」はタケのどんなところをかわいいと思うのですか。一つえらんで、○をつけましょう。（25点）

ア（　）「ぼく」の味方をしてくれるところ。
イ（　）がんばりやで、負けずぎらいなところ。
ウ（　）人を楽しませようとするところ。

14 物語 内ようをつかむ―気持ち・せいかく〈練習〉

◆次の文章を読んで答えましょう。

〔学校のウサギ小屋で死にそうになっていた子ウサギを勉（「ぼく」）がシャツの下に入れると、ウサギは息をふき返した。〕

「このウサギ、先生が育ててみるで。それでええか」

先生はウサギをセーターにくるんで左手でささえた。

そのとたん、ぼくのおなかが寒くなった。さびしくてさびしくて、泣きたくなった。

だけど、ぼくは夜中に起きてミルクをあげることもできないし、*1和幸も保育園に送っていかなくてはならないし、やっぱりむりだとあきらめた。口をぎゅっとむすんでこらえていたら、

「だいじょうぶよ、勉。先生ちゃんと育ててくれるって」

*2愛がなぐさめてくれた。

あかちゃんウサギが先生のおなかのなかでねているあいだに、みんなで名前をきめた。

名前はラック！

1 「泣きたくなった」とありますが、それはなぜですか。（一つ15点）

自分が育てたかったウサギを、〔　　〕が育てるといったので、とても〔　　〕気持ちになったから。

2 「ぼく」がウサギを育てるのをあきらめたのはなぜですか。二つえらんで、○をつけましょう。（一つ10点）

ア（　）ウサギのミルクを買えないから。

イ（　）和幸を保育園へ送らねばならないから。

ウ（　）ウサギの育て方が分からないから。

エ（　）夜中にミルクをあげられないから。

点

ラックは英語で幸運という意味だって、愛がいってみんなが賛成して、そうきまったんだ。

五時間めもラックは目をさまさない。

「生きてる？」

愛が［ア］して先生のセーターに手をあてる。

「あったかいよ、勉もさわってごらん」

愛はとっても［イ］した顔をして、ぼくにいった。

でも、ぼくは先生のおなかをさわれない。セーターの上からだって、はずかしくてもぞもぞしちゃう。

「ぼくも、タッチ」

「ぼくも、心臓の音聞かせてや」

「わたしも」

みんな順番に、ラックがちゃんと生きているか、たしかめあって席にもどる。

「あったかいやろ、生きてるやろ。勉があきらめんと、あたためてくれたおかげやな、ほらな」

といって、先生のおなかのラックの上に、ぼくの手をのせてくれた。あたたかかった。ラックはちゃんと生きていた。


（岸川悦子『教室にウサギがやってきた』ＰＨＰ研究所）

＊1　和幸…勉の弟。　＊2　愛…勉のクラスメート。

3　［ア］・［イ］に合う言葉を、後の［　］からえらんで、記号を書きましょう。（一つ10点）

ア（　　）　イ（　　）

ア　感心　イ　安心
ウ　同意　エ　心配

4　「ぼく」は、どのようなせいかくだと思いますか。二つえらんで、○をつけましょう。（一つ15点）

ア（　）生き物がすきで、やさしいせいかく。

イ（　）思いどおりにならないと、気がすまないせいかく。

ウ（　）人のことがしんじられないせいかく。

エ（　）はずかしがりやのせいかく。


「ぼく」のウサギに対する気持ちや、先生のおなかにさわれない様子から考えよう。

内ようをつかむ―気持ち・せいかく

おうよう ★★★

点

◆次の文章を読んで答えましょう。

　いつのまに、ねむっていたのでしょう。こおりのうき島が、あまりゆれるので、ルルとキキは、はっと、目をさましました。あたりは、ぼうっと白いもやにつつまれています。足のしたでは、つめたそうなうみの水が、おそろしいなみを、立てています。ルルは、①あたまのなかが、すうっと、つめたくなりました。すぐそばに、あのおかあさんたちのいる、ペンギンの島が見えないのです。

　白いもやのむこうは、はるばるつづく、うみばかりです！

　あたまの上の、あさのそらを、すばしこい極アジサシたちが、チチッとなきながら、とおっていきます。

「ねえ、おうちへかえろうよう！」

　キキが、わあっとなきだしながら、いいました。ルルだって、どんなに、かえりたかったでしょ

1 ①「あたまのなかが、すうっと、つめたくなりました」とありますが、このとき、ルルは、どんなことを感じていましたか。一つえらんで、○をつけましょう。（20点）

ア（　）すっきりと目がさめてよかった。
イ（　）大へんなことになってしまった。
ウ（　）まだゆめのなかにいるみたいだ。

2 ②「すぐにはかえれないことが、ルルには、だんだん、わかってきました」とありますが、なぜ、すぐにはかえれないと思ったのですか。（一つ10点）

ねているうちに、ルルたちののったこおりの（　　　　）が、とおくまで（　　　　）しまったから。

う。ああ、いますぐ、うちへとんでかえって、おかあさんのあったかいはね毛のなかへ、かおをつっこみにいけたら！

けれども、②すぐにはかえれないことが、ルルには、だんだん、わかってきました。ねているうちに、ルルたちののっていた、こおりのうき島が、とおくまで、ながされてしまったのです。

「キキ、ないちゃ、いけないよ。ぼくたちは、ねているまに、しおにながされてしまったらしいや。すぐには、うちへかえれないよ。でも、げんきをだしていようね。きっとまた、おとうさんやおかあさんが、ぼくたちを、さがしにきてくれるよ」

ちいさなキキは、ふるえながら、ルルのそばに、ぴったりと、よってきました。なかないでいようとしているのに、キキの目からは、なみだが出てきました。でも、おにいちゃんのルルを、しんぱいさせないように、キキは、いっしょうけんめい、がまんしました。

（いぬいとみこ『ながいながいペンギンの話』フォア文庫）

3 ［　］の言葉に表れているルルの気持ちを一つえらんで、○をつけましょう。（20点）

ア（　）キキをあきらめさせようという気持ち。

イ（　）弱虫なキキにはらを立てる気持ち。

ウ（　）キキをはげまそうとする気持ち。

4 ルルとキキのせいかくを表にまとめました。当てはまる言葉を、後の［　］からえらんで、記号を書きましょう。（一つ10点）

ルル	キキ
自分も（　）けれど、キキをげんきづけようとれいせいにふるまう、（　）せいかく。	おにいちゃんを（　）ようにと、なきたいのを（　）、がまん強いせいかく。

ア こらえる　**イ** しっかりした
ウ しんぱいさせない　**エ** 心細い

16 物語（ものがたり） 内ようをつかむ―気持（きも）ち・せいかく

おうよう ★★★

◆次（つぎ）の文章（ぶんしょう）を読んで答えましょう。

〔おとなしいはるのくんは、同じクラスのある男子から、「よわむし、なきむし、はるのくん」といわれていました。〕

「あのさ、はるのくんさ、ずっとまえに、かだんのところで、ないていたでしょ？　あれ、どうして？」

えい、ってきいちゃったけど、①いってからしんぱいになった。はるのくん、すごく、いやな気もちになったかもしれない、って。

でも、すぐ、ふつうのこえがきこえた。

「いもむし」

「いもむし？」

びっくりして、目がぱっちりあいちゃった。

「うん。あんとき、あそこに、いもむしが、たくさんしんでいたんだ。つぶされて。いもむしは、かだんのはっぱをたべちゃうけど、でも、きっともうすこしで、ちょうちょになるところだっ

❶ ①「いってからしんぱいになった」とありますが、どんなことがしんぱいになったのですか。一つえらんで、〇をつけましょう。（20点）

ア（　）ないていたのは、はるのくんではないかもしれないということ。

イ（　）はるのくんが、いやな気もちになったかもしれないということ。

ウ（　）はるのくんに、きこえていないかもしれないということ。

❷ はるのくんは、なぜかだんのところでないていたのですか。（一つ15点）

もうすこしでちょうちょになるところだった（　　　　）がつぶされていて、（　　　　）だったから。

たんだよ。それなのに、だれかが、つぶしちゃったんだ。とってもかわいそうだった」

だから、ないてたの？

もうすこしで、ちょうちょになるいもむしが、つぶされていたから、ないてたの？

なんだか、すごく、ふ～ん、ふ～ん、っておもった。

ぼくが、つぶされたいもむしをみつけたら、きっと、うわっ、きたない、気もちわるい、っておもったとおもう。

だけど、はるのくんはないいたんだ。いもむしがかわいそう、って。

ふ～ん、ふ～ん。

ふ～ん、ふ～ん。
②たっくさん、ふ～ん、ふ～ん、っておもったら、わかったことがあった。
はるのくんは、かだんのそばでないていたけど、それは、「よわむしのなきむし」だからじゃなかったんだ。「やさしい気もちのなきむし」だったんだ。

うん。はるのくんは、よわむしじゃない。


（矢部美智代『なきむし　はるのくん』ＰＨＰ研究所）

3 ②――とありますが、どんなことがわかったのですか。（一つ15点）

はるのくんがかだんのそばでないていたのは（　　　）気もちからだから、はるのくんは、（　　　）ではないということ。

4 はるのくんは、自分のことを「よわむしのなきむし」だとおもっているでしょうか。どちらかに○をつけ、その理由を書きましょう。（両方できて20点）

（　）おもっている。　（　）おもっていない。

表げん力

（　　　　）

はるのくんの言葉をよく読んで、きみの考えとその理由を答えよう。

段落と要点をつかむ―要点

きほん ★☆☆

点

◆次の文章を読んで答えましょう。

1ドレッシングをふったり、かき混ぜたりすると、一時的には混ざったように見えます。これは、水が細かいつぶになって油の中に散らばるためです。この状態を「乳化」といいます。しかし、そのまましばらく置いておくと水と油に完全に分かれてしまいます。

（中りゃく）

2マヨネーズも油とお酢を使いますが、ドレッシングとはちがい、時間がたっても分かれてしまうことはありません。これはなぜでしょうか。①マヨネーズの材料とドレッシングの材料をもう一度見比べてみましょう。

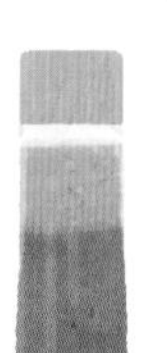

ドレッシングの材料：油、お酢、食塩、こしょう
マヨネーズの材料：油、卵、お酢、食塩、こしょう

3何がちがうでしょうか？　そう、卵です！どうやらここに、秘密がかくれているようです。

段落ごとの内ようこに注目して、要点をとらえましょう。

1 2の段落では、どのような話題がしめされていますか。（一つ15点）

時間がたっても、（　　　）の

油とお酢が（　　　）

ことがないのはなぜか。

2 ①「マヨネーズの材料とドレッシングの材料」は、どのような点がちがいますか。（一つ10点）

（　　　）にだけ、

（　　　）が使われている点。

4卵を割ると、とう明な卵白と、黄色い卵黄が出てきますね。この卵黄にふくまれている②「レシチン」や「リポタンパク質」という物質が、秘密のカギをにぎっています。これらの物質は、油と仲がよい部分と、水と仲がよい部分、二つのパーツを持っています。

5水と油の境目にこの物質が入りこむとどうなるでしょうか。油と仲がよい部分は油側を、水と仲がよい部分は水側を向き、境目をおおってしまうのです。水も油も、苦手な相手と直接くっつく必要がなくなります。このような性質を持つ物質は、水と油が散らばって「乳化」した状態になるのを助けるため「乳化ざい」と呼ばれます。マヨネーズは卵黄にふくまれる乳化ざいのおかげで、水(お酢)の中に、とても小さな油のつぶがたくさん散らばっている状態をたもつことができるのです。

(平松サリー『おもしろい！　料理の科学』講談社)

3 ②「『レシチン』や『リポタンパク質』」は、どのような性質を持っていますか。(一つ15点)

（　　）と仲がよい部分は油側、（　　）と仲がよい部分は水側を向き、水と油の境目をおおう性質。

4 この文章でせつ明していることとして、合うものを一つえらんで、○をつけましょう。(20点)

ア（　）ドレッシングは、作るときよくかき混ぜることによって、油の中に水のつぶが散らばった状態を長くたもつことができる。

イ（　）マヨネーズは、卵黄にふくまれる乳化ざいの働きによって、お酢の中に油のつぶが散らばった状態をたもつことができる。

ウ（　）ドレッシングとマヨネーズは、材料に卵白をくわえることによって、水と油が散らばった状態をたもつことができる。

5の段落で、2の段落でしめされていた「問い」に答えているよ。5の段落の要点をつかもう。

段落と要点をつかむ──要点

◆次の文章を読んで答えましょう。

［＊1縄文時代の人々は、海で貝をとったり塩づくりをしたりしていたが、＊2高台に住んでいた。］

1 重たい貝や、つった魚などを持って、毎日のようにはま辺から＊3集落まで帰っていた縄文人たちは、さぞかしたいへんだったはずです。

2 海辺に住んでいたら、どんなに楽だったことでしょう。海の暮らしをしているのなら、海辺に住んでいてもよさそうなものです。それなのに、縄文人たちが高台にこだわった理由はなんでしょう？

（中りゃく）

3 ＊4大洞貝塚がある大船渡市の市街地は、大船渡湾のおくにあります。＊5東日本大しん災では、大つ波が大船渡湾を上がってきて、中心地がすっかりこわされてしまい、鉄道もだめになっていました。大洞貝塚は大船渡湾のおくのほうの、坂をわずかに上がったところにあります。やはり、

1 1・2の段落には、なにが書かれていますか。一つえらんで、○をつけましょう。（20点）

ア（　）縄文人が海から高台まで歩けたのはなぜかというぎもん。

イ（　）縄文人が海辺ではなく高台に住んだのはなぜかというぎもん。

ウ（　）縄文人が海の貝や魚などを食べていたのはなぜかというぎもん。

2 ――とありますが、筆者がこのように思ったのはなぜですか。（一つ15点）

大洞貝塚が、大船渡湾のおくのほうの、坂をわずかに（　　　）ところにあり、東日本大しん災の大つ波のひ害から（　　　）いたから。

点

この貝塚遺せきも、つ波のひ害からのがれていました。わたしは、大つ波がどこまでやってくるのかを、大洞の縄文人たちが知っていたのではないかと、思わずにはいられませんでした。

4 縄文人たちの集落が高台にあることは、ずいぶん前から注目されていました。当時は海面が今よりも高く、高台のすぐ下まで海が来ていたのだとか、野山からのめぐみも手に入れるために、海と山のちょうど中間くらいに住んでいたのだ、といわれてきました。

5 □、東北地方の貝塚遺せきが、大つ波が到達した高さより少し上にあったたくさんの事実から、海で暮らすようになった縄文人たちが、いつつ波がやってきてもひ害を受けないようにしていたのだろうと考えることもできるでしょう。

（田所　真『勇者はなぜ、逃げ切れなかったのか』くもん出版）

＊1　縄文時代…紀元前一万二千年ごろから紀元前四世紀ごろ。
＊2　高台…まわりよりも高くなっていて、平らな土地。
＊3　集落…人が集まって生活している所。
＊4　大洞貝塚…貝塚は、縄文人など大昔の人々が海からとってきて食べた貝がらなどのごみをすてたあと。
＊5　東日本大しん災…二〇一一年三月十一日に、東日本に発生した大地しん。東北地方は、つ波の大きなひ害を受けた。

3　□に合う言葉を一つえらんで、○をつけましょう。（15点）

ア（　）でも
イ（　）だから
ウ（　）このように

4　筆者の考えが書かれているのは、4の段落と5の段落のどちらですか。番号を書きましょう。（15点）

（　　）

5　筆者は、縄文人たちの集落が高台にあったのはなぜだと考えていますか。文章中の言葉を使って書きましょう。（20点）

（　　）

筆者の考えが書かれている段落の要点をまとめよう！

点

◆次の文章を読んで答えましょう。

1 *1ソメイヨシノは、みな同じ*2遺伝子を持っているので、温度などにも同じように反応します。それで、同じ場所にめる木は、いっせいにさくのです。

2 そのごうかさ、にぎやかさにさそわれ、こんなにお花見がさかんになったのですね。

3 *3サクラ前線を、西のほうだけくわしく見てみましょう。①ちょっと不思議なところに気がつきませんか？ それは、一番早くさくのは、九州のいちばん南ではなくて、九州の北や、四国にあることです。なぜでしょう？

4 その答えを見つけるには、一年前の夏にもどらなければなりません。

5 ②桜の花芽は、花が終わってしばらくたった夏につくられます。そして、芽が完成すると、芽は活動を中止して、お休みします。これを「休

1 3の段落の役わりをせつ明した文として、合うものを一つえらんで、○をつけましょう。（10点）

ア（　）れいをあげてせつ明する役わり。

イ（　）せつ明の内ようをまとめる役わり。

ウ（　）文章の話題をしめす役わり。

2 ①「ちょっと不思議なところ」とは、どんなことですか。（一つ10点）

ソメイヨシノが〔　　　〕のは、九州のいちばん〔　　　〕ではなくて、九州の〔　　　〕や、〔　　　〕であること。

3 ②「桜の花芽」について、表にまとめましょう。（一つ10点）

みん」といいます。

6 この休みんからさめないと、いくらあたたかくなっても芽は活動ができません。休みんからめざめさせるのは、「寒さ（低温）」です。

7 北の地方では、冬が寒いので、早く休みんがやぶられます。あたたかくなると、芽はすぐに活動できます。でも、南のあたたかいところでは、寒さが少ないので、なかなか休みんがやぶられません。朝の低い温度が、もっと必要なのです。そのため、③あたたかくなってもすぐに活動できない、というわけです。

（ゆのきようこ『春の主役　桜』理論社）

2023年のサクラ前線
（weather map「さくら開花予想 2023」をもとに作せい）

＊1　ソメイヨシノ…桜の種類の一つ。エドヒガンという桜とオオシマザクラという桜をかけ合わせてできた。
＊2　遺伝子…親の体の形などを子につたえるもとになる物質。
＊3　サクラ前線…ソメイヨシノの開花の日を、日本地図に線でしめしたもの。

季節	花芽の様子
（　　）←………	・花芽がつくられる。 ・花芽が活動を（　　）する（休みん）。 ・花芽が休みんからさめる。 ・花芽が活動を始める。

4 九州のいちばん南の桜の花芽が、③「あたたかくなってもすぐに活動できない」のは、なぜですか。（一つ10点）

南のあたたかいところでは、花芽を休みんから（　　）させるために必要な（　　）が少ないから。

5 「その答え」がまとめられている段落を一つえらんで、番号を書きましょう。（10点）

（　　）

段落と要点をつかむ―段落の関係

点

◆ 次の文章を読んで答えましょう。

1 からだをいっぱい動かしたあと、おなかがペコペコのときにたべるおにぎりって、おいしいね。どうしてはらペコのときにたべると、あんなにおいしいんだろう？

2 はらペコのとき、きみの〝たべたいスイッチ〟はオンになる。たくさん運動したあとや真けんに勉強したあと、しばらくなにもたべていなかったときなどにね。

3 〝たべたいスイッチ〟って、どこにあるか知ってる？ ひとつはおなかで、もうひとつは心だ。おなかと心が同時に「たべたい」と感じると、〝たべたいスイッチ〟は入る。そういうときにたべると「おいしい！」って感じるんだ。

4 逆に、〝たべたいスイッチ〟が入っていないときは、おいしさを感じにくい。たとえば、おなかがいっぱいのときには、〝たべたいスイッチ〟

段落ごとの内ように注目して、段落どうしの関係をとらえましょう。

1 「たべたいスイッチ」について、表にまとめましょう。（一つ20点）

スイッチが入るとき	・たくさん運動したあと。 ・真けんに（　　　）したあと。 ・しばらくなにもたべていなかったとき。
スイッチが入らないとき	・おなかがいっぱいのとき。 ・人から言われたり決められたりして、（　　　）たべるとき。

が入らない。人から「たべなさい」って言われたり、「お昼の時間だから」などと決められたりして、おなかがすいていないのに仕方なくたべるときも同じ。

5「決まりだから」「おこられるから」「はやっているから」と、頭で考えてたべるとき――、つまり、おなかの声と自分の気持ちを無視してしまうと、〝たべたいスイッチ〟は入りにくくなるんだ。

6大切なのは、はらペコかどうかと、自分にとって「おいしそう」かどうかだ。ごはんをたべる前に、おなかと心の声に耳をすませてみよう。きみのおなかはちゃんとはらペコで、心は「いますぐたべたい！」と感じているだろうか？

（松本仲子『おいしくたべる』朝日新聞出版）

4の段落のはじめに、「逆に」とあるね。2・3の段落と4・5の段落は、反対のことをのべているよ！

2 〝たべたいスイッチ〟が入るときと入らないときは、どのようなときだといえますか。（一つ15点）

・入るとき…（　　　）と（　　　）が同時に「たべたい」と感じるとき。

・入らないとき…（　　　）で考えてたべるとき。

3 筆者の考えがまとめられている段落を一つえらんで、番号を書きましょう。（15点）

（　　　）

筆者の考えは、文章のさい後に書かれていることが多いよ！

段落と要点をつかむ―段落の関係

練習 ★★★

点

◆次の文章を読んで答えましょう。

1 長い歴史を経て現在、アフリカに残っているサイは大きく分けて「シロサイ」と「クロサイ」の二種類です。どちらのサイも、アフリカ東部や南部で多くくらしてきました。

2 同じアフリカ大陸のサイですが、いろいろと特ちょうがことなります。最も大きなちがいは、口の形です。どちらも食いしんぼうで、毎日三十キログラム以上の草や葉っぱなどを食べますが、それぞれえさを食べやすいように独特な口の形をしています。

3 くちびるが横にまっすぐのびているのが、シロサイです。顔を地面につけて、まるで草かり機のように大好きな草をどんどん食べることができます。

4 一方でクロサイは、上くちびるがとがった形をしているのが特ちょうです。これは、低い木

1 現在アフリカに残っているサイは、大きく分けて何種類ですか。（10点）

［　　］種類

2 3の段落と4の段落の関係として、合うものを一つえらんで、○をつけましょう。（15点）

ア（　）3の段落とは反対の内ようを、4の段落でのべている。

イ（　）3の段落で問いを、4の段落でその答えをしめしている。

ウ（　）3の段落と4の段落とで、二つのものをくらべている。

3 「最も大きなちがいは、口の形です」とありますが、そのちがいを表にまとめましょう。（一つ15点）

「一方で」という言葉に注目しよう！

の葉っぱや小枝、芽などを食べるときに便利です。手の代わりにくちびるを器用に使ってくわえることができるからです。しげみをかりこんでいく庭師と呼ばれることもあります。

（中りゃく）

5 シロサイは、世界にいるサイのなかで最も体が大きく、体長は四メートル、重さは三トンをこえることもあり、まるで小型トラックのような動物です。二本ある角のうち、前にある角は長いもので一・五メートル近くあります。クロサイは、それより小さめですが、それでも体長は三メートルほどとなり、体重も一トンをこえることがあります。

（味田村太郎『この世界からサイがいなくなってしまう』Gakken）

クロサイのくちびる　シロサイのくちびる

シロサイ	クロサイ
・くちびるが（　　）。 ・顔を（　　）につけて草を食べる。	・上くちびるが（　　）形をしている。 ・（　　）の代わりにくちびるを器用に使い、低い木の葉っぱや小枝、芽などを食べる。

4 5の段落の内ように合うものを一つえらんで、○をつけましょう。（15点）

ア（　）シロサイの体は大きく、体重は三トンをこえることもある。

イ（　）クロサイは、世界にいるサイのなかで最も体が大きい。

ウ（　）クロサイの角はシロサイよりは小さく、三メートルほどである。

段落と要点をつかむ―段落の関係

◆次の文章を読んで答えましょう。

1ヤマネは＊氷河時代よりも前から生きてきた動物です。長い年月の間に、多くの動物がほろんだのに、ヤマネが生きぬいてこられたのには、どのようなわけがあるのでしょうか？　その不思議を調べたいと思いました。

2まずヤマネには、問題を解決していく知えのようなものはあるのだろうかとヤマネの知えを探る実験を行いました。ヤマネはトンボが好物です。一辺一メートルの金あみ製の立方体のケージの中に、糸でしばったアカトンボをつるしました。ヤマネをその中に入れ、背のびしても届かないきょりに置きました。ヤマネにはこれをとる知えが、あるでしょうか？

3夜行性の動物なので、実験は夜、行います。

4初めの日の夜、ヤマネはケージの底からジャンプしました。届きません。

❶「実験」について、答えましょう。

(1) 実験の目的は、どのようなことですか。(7点)

ヤマネが、氷河時代より前から〔　　　〕こられたわけを調べること。

(2) どのような実験をしたのですか。(一つ9点)

・夜、ヤマネの好物である〔　　　〕を、ケージの中に糸でつるす。

・ヤマネをケージの中に入れ、背のびしても〔　　　〕きょりに置く。

(3) 実験のけっかを、表にまとめましょう。(一つ10点)

日にち	けっか(ヤマネの行動)
初めの日	〔　　　〕するが、届かなかった。
次の日	

点

5 次の日の夜、横かべに上ってからジャンプ。でも、届きません。

6 このような失敗をくりかえしたすえ、実験開始十日目の午前三時、ヤマネはついに天じょうを逆さまに移動し、トンボの近くで、後ろ足でケージにぶらさがりました。そして、つるした糸をたぐりよせはじめたのです。するするとヤマネの方にたぐりよせられるトンボ。それを、おいしそうに食べるヤマネ。新しいトンボと取りかえると、今度は迷うことなく、糸をたぐりよせて食べました。

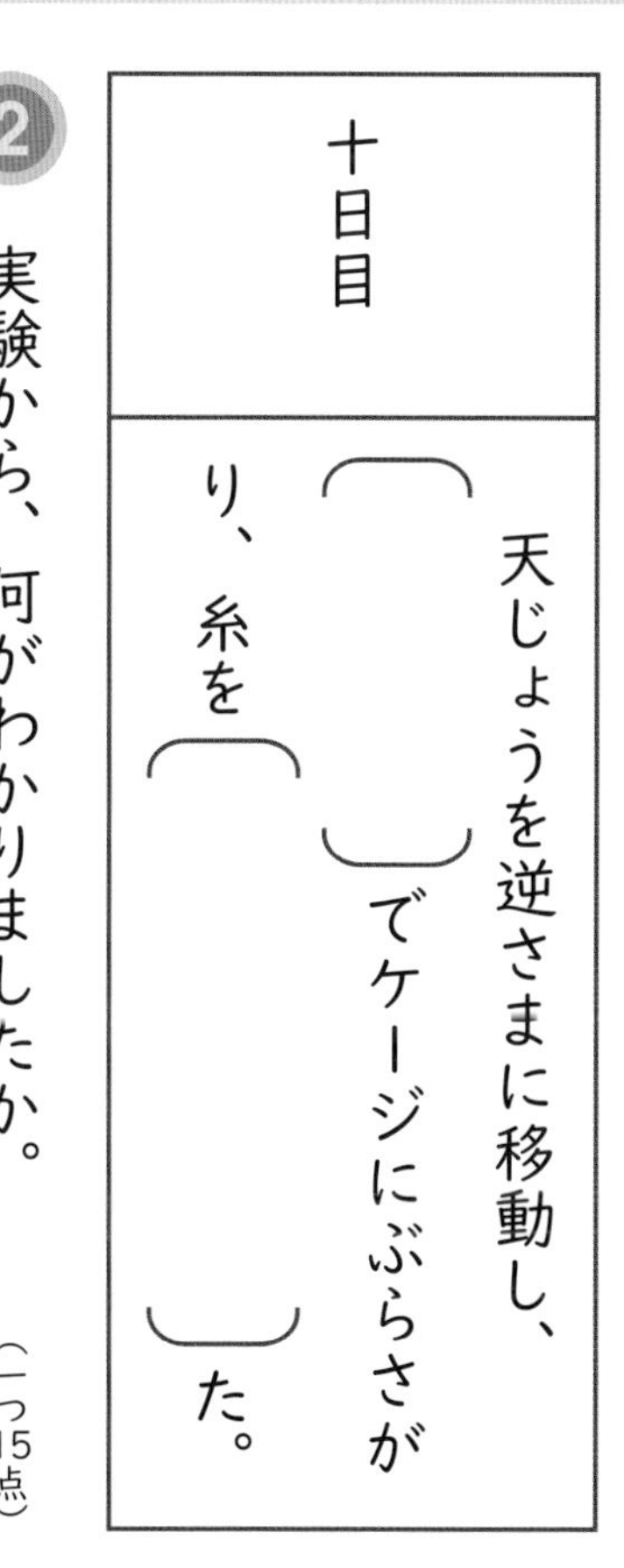

7 この実験から、ヤマネには、えもののとり方を、失敗をくりかえしつつ学びとり、一度覚えると、確実にできるようになる「知え」があることがわかりました。なかなかすごいやつです。

（湊 秋作『ヤマネのすむ森』Gakken）

＊氷河時代…大昔、地球の気温が現在より大きく低かった時代。

十日目	天じょうを逆さまに移動し、（　　）でケージにぶらさがり、糸を（　　）た。

2 実験から、何がわかりましたか。（一つ15点）

ヤマネには、（　　）をくりかえして学び、一度覚えると確実にできるようになる「（　　）」があること。

3 この文章の組み立てとして合うものを一つえらんで、○をつけましょう。（15点）

ア（　）1—2 3 4 5 6—7

イ（　）1—2 3—4 5 6 7

ウ（　）1 2—3 4 5 6—7

23

せつ明文

段落と要点をつかむ―段落の関係へ

おうよう ★★★

点

◆次の文章を読んで答えましょう。

1「好きらいはダメ！」。

2一〇さいにもなったら、もう聞きあきてるよね。どうして子どもばっかり、そういわれるのかなと思う？

3子どもは、もともと大人にくらべて好ききらいがたくさんあるのがふつう。

4それは、人間はいろんな味のなかの、「あま味、塩味、うまみ」の感覚が先に発達するから。だから子どもはそれ以外の味（苦味、酸味など）は苦手だったり、食べなれてないからまずいと感じてしまったりすることが多い。

5大人になると、ふくざつな味わいもわかるようになるので、おいしいと思うもののはばが広がるし、子どものときとは好みが変わる人がほとんどじゃないかな。

6［　　］、今きらいでも、将来おいしく感じるものって、たくさんあると思うよ。

1 子どもと大人の味の感覚のちがいを、表にまとめましょう。（一つ10点）

子ども	大人
あま味・塩味・（　　）以外の、（　　）、酸味などが苦手。	（　　）な味わいがわかるようになる。

2 ［　］に合う言葉を一つえらんで、〇をつけましょう。（10点）

ア（　）しかし

イ（　）だから

ウ（　）または

7で、子どもが「好ききらいはだめ」といわれるのは、好きなものばかり食べると、ほかの味を感じる力が発達しなくなるおそれがあるから。

8また、栄養やビタミンのバランスがかたよったりして、じょうぶな体を作れなくなるおそれがある。

9それに年をとるとね、好きでも食べられなくなるものがどんどん増えてくる。

10あまいものを食べると良くない病気とか、塩分をひかえないといけない病気、油をとってはいけない病気とか。年をとればとるほど、そういう病気にかかることが多くなる。

11そんなときに子ども時代の好ききらいをずっととおしていたら、具合が悪くなるし、食べられるものの種類がきょくたんにへってしまう。

12「できるだけ好ききらいをなくす」のは、大人になったときに、いろんなおいしいものを楽しめるようになるだけじゃなくて、健康にもかかわる、大事なことなんだよね。

（令丈ヒロ子「おいしいものは、だんだん増える。」『続・10歳の質問箱　なやみちゃん、絶対絶命！』小学館）

3 7～11の段落に書いてあるのは、どんなことですか。（20点）

子どもが、

（　　　　）

理由。

4 「そんなとき」とは、どんなときですか。（一つ10点）

年をとって（　　　　）にかかり、好きでも（　　　　）ものが増えてきたとき。

5 12の段落は、どんなはたらきをしていますか。一つえらんで、○をつけましょう。（20点）

ア（　）れいをあげてせつ明するはたらき。

イ（　）新しい話題をしめすはたらき。

ウ（　）それまでのせつ明をまとめるはたらき。

段落と要点をつかむ――段落の関係〈おうよう ★★★〉

点

◆次の文章を読んで答えましょう。

[1]みなさんは、①しりとりや早口言葉で遊んだことがありますか。これらは、古くから多くの人に親しまれている言葉遊びです。言葉遊びには、ほかにどのようなものがあるのでしょうか。また、どのような楽しさがあるのでしょうか。

[2]にた音や同じ音の言葉を使って文を作るのが、②しゃれです。たとえば、「ふとんがふっとんだ。」「イクラはいくらだ。」がそうです。しゃれは、「ふとん」と「ふっとんだ」や、食べ物の「イクラ」と数やねだんをたずねる「いくら」のように、にた音や同じ音の言葉を使って作られます。言葉には、にた音や同じ音であっても、意味がちがうものがあります。しゃれには、言葉のもつ音と意味とを組み合わせるという楽しさがあるのです。

[3]上から読んでも下から読んでも同じになる言葉や文が、③回文です。回文には、「きつつき」

1 ①「しりとりや早口言葉」とは、どんな言葉遊びですか。(15点)

〔　　　　　　　　〕言葉遊び。

2 ②「しゃれ」、③「回文」の「楽しさ」はどのようなことですか。文章から、「しゃれ」は二十三字、「回文」は三十一字でさがして、それぞれはじめの五字を書きぬきましょう。(一つ20点)

・「しゃれ」…□□□□□

・「回文」…□□□□□

3 [1]～[4]の段落の関係を正しく図に表したものを一つえらんで、○をつけましょう。(15点)

や「しんぶんし」のような短い言葉もあれば、「わたしたわしわたしたわ。」のように長い文のものもあります。回文になっている言葉や文を見つけたり、自分で作ったりする楽しさがあります。回文は、長くなればなるほど、作るのがむずかしくなりますが、できたときのうれしさも大きくなります。

（中りゃく）

4 このように、言葉遊びにはいろいろあり、それぞれに楽しさがあります。言葉遊びをするのには、とくべつなどうぐや、広い場所はいりません。ふだん使っている言葉だけで、楽しい時間をすごすことができるのです。人々は、昔から言葉遊びを通して、言葉のおもしろさにふれてきました。あなたも、言葉遊びを楽しんでみましょう。

（令和2年度版 光村図書『国語三上 わかば』48・49ページより「言葉で遊ぼう」小野恭靖）

ア（　　）　イ（　　）　ウ（　　）

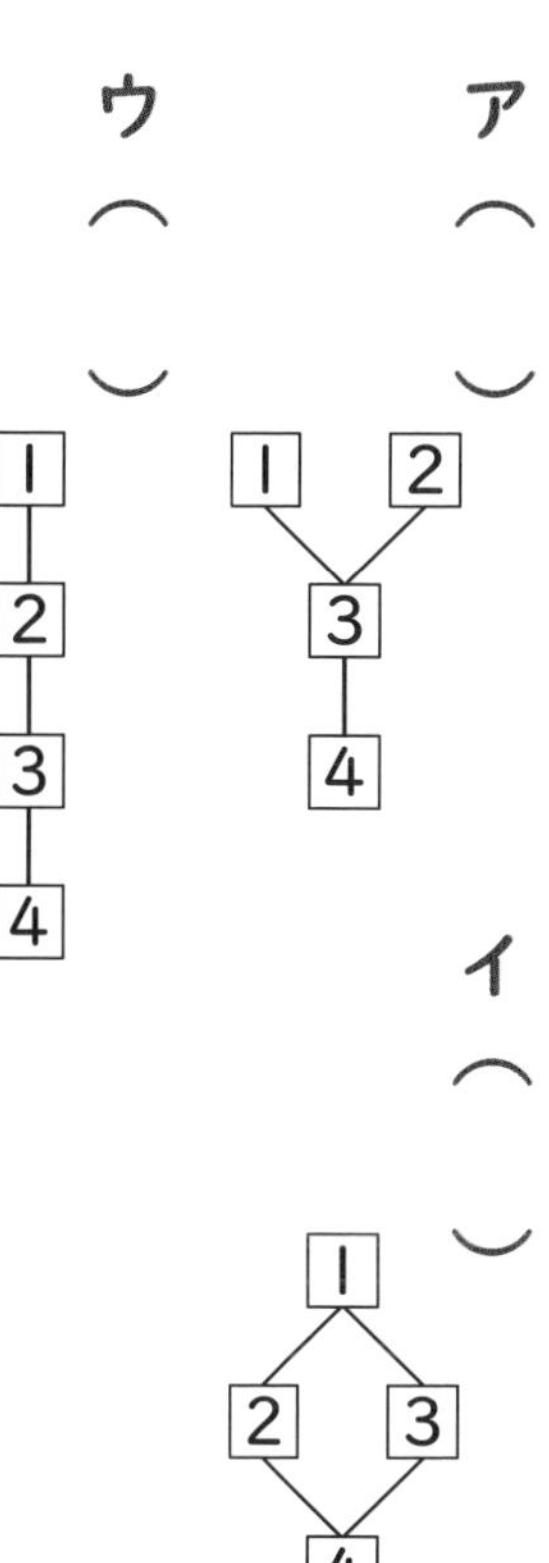

4 「しゃれ」か「回文」のどちらかをえらんで、自分で考えて一つ作りましょう。（30点）

◀どちらかを○でかこみましょう。

作るもの　…（　しゃれ　・　回文　）

作ったもの…

表げん力

「しゃれ」と「回文」がどのような言葉遊びか、たしかめてから作ろう！

全体をつかむ──場面・気持ちのへん化

きほん

点

◆次の文章を読んで答えましょう。

〔あゆむは、ふさ子のたん生日のおくりものに、ザリガニをあげることにした。〕

つぎの日、あゆむはザリガニを小さいバケツに入れて、ふさ子のうちへ行きました。

おきゃくさまはぜんぶで八人で、男の子はあゆむとひできだけでした。あゆむがバケツを出すと、

「まあ、めずらしいおくりもの。ありがとう。」

と、ふさ子はにこにこし、りかはちょっとザリガニをつついて聞きました。

「どこでつかまえたの？　どんなにしてつかまえたの？」

「ドブ川公園だよ。①ぼく、苦心したんだ。」

「そうだよな。このごろ、ドブ川公園、水がきたなくって、魚もザリガニも少ないんだ。」

と、ひできがいいました。

へん化のきっかけになった出来事に注目して、場面・気持ちのへん化をとらえましょう。

1 ①「ぼく、苦心したんだ」といったときのあゆむの気持ちとして、合うものを一つえらんで、○をつけましょう。（20点）

ア（　）一生けん命つかまえたザリガニをあげてしまうのは、おしいという気持ち。

イ（　）苦心してつかまえたのにほめてもらえなくて、くやしいという気持ち。

ウ（　）がんばってザリガニをつかまえたことを、みとめてもらいたい気持ち。

2 ②「生きものをもってきたのは、あゆむだけです」とありますが、このときのあゆむの気持ちを一つえらんで、○をつけましょう。（20点）

それになにしろ、ほかの子のおくりものはみんな、買ってきたボールペンとか、ふうとうです。②生きものをもってきたのは、あゆむだけです。

「ぼく、水の中にぱっと手をつっこんだんだ。」

あゆむがとくいになったとき、ブザーが鳴りました。ふさ子が出て行き、げんかんでびっくりしたような声をあげました。

「まあ、しげおくん、どうしたの？」

「これ、あげる。さよなら。」

ドアのしまる音がしました。しげおは帰って行ったようです。

「これ見て。しげおくん。しょうたいもしないのに、くれちゃったわ。」

ふさ子がさげてきたビニールぶくろを見て、

「わあ、すごい！」

と、りかが声をあげ、③あゆむも目の玉がとび出すほど、びっくりしました。ふくろの中には、茶色のザリガニがかさなり合って、ゴジョゴジョうごいていたのです。二、三十ぴきもいそうです。

あゆむはたった一ぴきの、自分のザリガニがはずかしくなりました。

（古田足日（ふるたたるひ）『だんち5階（かい）がぼくのうち』童心社（どうしんしゃ））

ア（　）おどろく気持ち。
イ（　）じまんしたい気持ち。
ウ（　）ふしぎな気持ち。

3 ③「あゆむも目の玉がとび出すほど、びっくりしました」について答えましょう。

(1) あゆむは、どんなことにびっくりしたのですか。（一つ20点）

しげおがもってきたビニールぶくろに、

（　　）ぴきの（　　）が入っていたこと。

直後の文に注目しよう。びっくりするものが入っていたね。

(2) あゆむは、しげおがもってきたものを見た後、どんな気持ちになりましたか。文章中の言葉（ことば）を使（つか）って書きましょう。（20点）

（　　　　）

全体をつかむ―場面・気持ちのへん化

練習 ★★★

点

◆次の文章を読んで答えましょう。

見しらない子どもが、じっと立っていました。

「おまえさんか、よんだのは。」

（中りゃく）

「そうだよ。よびに来たんだよ。」

「ひとりで来たの。」

「うん、ぼくひとり。」

子どもは、りゅうをめずらしそうにながめまわして、いいました。

「まだ、だれからも、よばれたことがないんだろう。」

「それは、ないとも。」

「だから、ぼく、いっぺんよびに来たんだよ。いっしょにいこうよ。あしたは、ぼくのたんじょう日なの。ごちそうが、たくさんあるよ。」

きいて、りゅうは、きょとんとしました。そして、こんどは、まごまごしながらいいました。

「①いっても、いいかい。いっしょにいっても。」

1 子どもは、何のために、りゅうをよびに来たのですか。（一つ20点）

だれからも、（　　　）ことがないりゅうを、自分の（　　　）にまねくため。

2 ①――といったときのりゅうの気持ちに合うものを一つえらんで、○をつけましょう。（20点）

ア（　）いっしょにいけることがうれしい気持ち。

イ（　）いっしょにいくことをとまどう気持ち。

ウ（　）いっしょにいくことをこわがる気持ち。

「いいとも。ぼくはね、おまえさんを、いじめはしない。また、だれか、いじめようとしたっても、かばってあげる。」

――なんということであろうか。おもいがけない、この子のことば。りゅうは、しばらく、われをわすれて、子どもの顔を見つめていました。②りゅうのするどい目の中に、ある、おだやかな、やさしい光が、きらめきました。それは、これまで、なん百年というあいだ、その目のそこに、とじこめられていたような、やさしい光でありました。

「ああ、ありがとう。ありがとう。」

りゅうは、あたまを子どもにさげて、いいました。

「これまで、わしは、ただのいちども、人間から、やさしいことばをかけてもらったことがない。いや、それどころか、わしは、いつでも、ただ、きらわれて、にくまれどおしできたのだよ。」

③りゅうの目からは、なみだが、ながれだしました。

（浜田廣介「りゅうの目のなみだ」『少年少女日本文学館　第十四巻』講談社）

3 ②「りゅうのするどい目の中に、ある、おだやかな、やさしい光が、きらめきました」とありますが、りゅうは、子どものどのようなことばを聞いて、このようになったのですか。子どものことばからひとつづきの二文をさがして、はじめと終わりの五字をそれぞれ書きぬきましょう。（「、」や「。」もふくむ。）（両方できて20点）

□□□□□ ～ □□□□□

4 ③「りゅうの目からは、なみだが、ながれだしました」とありますが、このときのりゅうの気持ちに合うものを一つえらんで、○をつけましょう。（20点）

ア（　）くやしくて、たまらない気持ち。

イ（　）自分をなさけなくおもう気持ち。

ウ（　）心からうれしくおもう気持ち。

全体をつかむ─場面・気持ちのへん化

◆次の文章を読んで答えましょう。

足ひれがあると、いつもの三倍は速い。①すいすい、まるで水泳選手になったような気分だ。

ふと顔をあげてふりかえると、浜からずいぶん遠ざかっていることに気がついた。ながれが強くて、もどるのはたいへんだ。母さんが遠くで手まねきをしているのが見える。このままだと岩場にながされてしまう。

ぼくは必死でながれにさからった。足ひれが活やくしてくれているはずなのに、なかなか前に進まない。

ヘトヘトになるほど泳いで、②やっと砂浜にたどりついた。

水ぎわでぐったりしていると、近づいてきた父さんがどなった。

「そんなに遠くまで一人でいっちゃダメじゃないか!」

おうよう ★★★

1 ①「すいすい、まるで水泳選手になったような気分だ」とありますが、このときの「ぼく」はどんな様子ですか。合うものを一つえらんで、○をつけましょう。(10点)

ア(　)気持ちよく泳いでいる様子。

イ(　)できるだけ遠くまで行きたい様子。

ウ(　)泳ぎを見せびらかしたい様子。

2 ②「やっと砂浜にたどりついた」とありますが、「ぼく」はどのようにして砂浜にたどりついたのですか。(一つ15点)

強い(　　　　)に必死にさからい、なかなか前に進まず、(　　　　)になるほど泳いでやっと砂浜にたどりついた。

点

うなだれて下をむいたとき、ぼくは気がついた。
足ひれが片方ない！

あわててふりかえって水のなかを見たけれど、何も、ういていない。ぼくは青ざめた。父さんもいっしょにさがしてくれた。

でも、けっきょく足ひれは見つからなかった。
買ってもらったばかりの、きれいな水色の足ひれ……。

すっかり③気分がおちこんでしまった。もう泳ぐどころじゃない。

「あんなに遠くまでいくからだぞ。またそのうち買ってあげるけど、今度はもっと気をつけなさい」

父さんはそう言ってぼくの頭をなぜた。

片方だけになってしまった足ひれをぼんやり見つめていたら、なんだかなみだが出てきた。

（佐藤まどか『水色の足ひれ』BL出版株式会社）

3 ③「気分がおちこんでしまった」のはなぜですか。（15点）

買ってもらったばかりの［　　　］の片方がなくなってしまったから。

4 上の文章の場面と、そのときの「ぼく」の気持ちをまとめた表の（　）に合う言葉を、後の［　］からえらんで、記号を書きましょう。（一つ15点）

場面	気持ち
足ひれをつけて、すいすい泳いでいた。	（　）
遠くにながされ、必死で砂浜にたどりついた後、どなられた。	（　）
足ひれの片方がないことに気づいたが、見つからなかった。	（　）

ア なみだが出るほど、悲しかった。
イ とても気分がよかった。
ウ しゅんとなった。

全体をつかむ——あらすじ

きほん ★

点

◆次の文章を読んで答えましょう。

タツオが紙の飛行機をつくっているところへ、コロボックル（小人）の双子・サザンとザンカがやってきました。

「おい、サザン、なにを見てるんだい。」

弟のザンカがききました。

「タツオくんさ。」

サザンは、そう答えると、すぐにまた、じれったそうにつぶやきました。

「そこで、ひっくりかえすんだってば！」

サザンのいうとおりなのです。一度裏返しにして、折らないと、ぴんと耳のはった、きれいな紙の飛行機はできません。

タツオは、そこのところを忘れているのです。

「ようし、ぼく、タツオくんに教えてきてあげる。」

弟のザンカは、兄さんのサザンよりも、気が早いのです。いきなり、棚から、ひゅっととび

場面ごとに、出来事や登場人物の行動・様子などに注目して、あらすじをとらえましょう。

1 「じれったそうにつぶやきました」とありますが、サザンは、何を見て、じれったく思っているのですか。（一つ10点）

（　　　）が、（　　　）の飛行機をつくっている様子。

2 タツオに飛行機のつくり方を教えたのは、だれですか。（20点）

（　　　）

「タツオくんに教えてきてあげる」といったのは、だれかな。

おりて、タツオの肩にのりました。

そして、タツオの耳にささやきました。

「そこで、一度ひっくりかえすんだよ。」

夢中になっていたタツオは、ぴくんと顔をあげました。

「そうかあ、ぼく、忘れていたよ。」

タツオは、大声でそういって、たちまち大きな飛行機をつくりあげました。

「わあ、できたできた。」

うれしくて、窓から、できたての飛行機をとばしました。

双子のいたずらコロボックルが、いつのまにか、その紙の飛行機にとびのっていて、上手に舵をとっていました。

そのためか、庭の紫色の野菊の花まで、すうっととんでいきましたよ。


（佐藤さとる「コロボックルと紙の飛行機」『佐藤さとるファンタジー全集７』講談社）

3 タツオがとばした紙の飛行機は、どのようにとんでいきましたか。（一つ10点）

双子の（　　　　）のサザンとザンカが舵をとって、庭まで
（　　　　）とんでいった。

4 お話のあらすじになるように、合うほうにそれぞれ○をつけましょう。（一つ20点）

タツオは、紙の飛行機がうまくつくれなかった。

そこで、

（　）タツオは、ザンカにつくり方をきいた。

（　）ザンカが、タツオにつくり方を教えた。

すると、タツオは、大きな紙の飛行機をつくることができた。タツオがとばした飛行機に、

（　）サザンとザンカがのって、庭の野菊の花までとんでいった。

（　）サザンとザンカが風を送って、庭の野菊の花までとばした。

29 物語

全体をつかむ―あらすじ

練習 ★★★

◆ 次の文章を読んで答えましょう。

おばあちゃんは、こしが『く』の字に曲がっているし、体も、ぼくよりちょっと大きいだけだ。それなのに、大きなつけもの石を持ちあげたり、十キロもあるお米のふくろを、かついだりできるんだ。

①おばあちゃんは、ほんとうにすごいなあ。

ある日、ぼくはお母さんにきいてみた。

「おばあちゃん、あんなにはたらいて、体がいたくなったりしないの？」

「そうね、ときどき、こしや足をさすっていることがあるから、いたいのかもね。」

ぼくも、おばあちゃんが、こしや足をさすっているところを、見たことがある。だけど、どんなに足がいたくても、おばあちゃんは、家の中では、きちんと正座をしているんだ。

「②きっと、はたらくことが、おばあちゃんの

1 ①「おばあちゃんは、ほんとうにすごいなあ」とありますが、「ぼく」はなぜ、このように思うのですか。（一つ15点）

こしが曲がっているし、体も大きくないのに、

（　　　）を持ちあげたり、十キロもある（　　　）をかついだりできるから。

①――の前の部分をよく読もう。

2 ②――の言葉をきいて、「ぼく」はどのように考えましたか。（20点）

おばあちゃんの体にしみついた

『（　　　）』を取ってあげたい。

点

体に、しみついてしまっているのね。」

お母さんは、そう言って、うなずいた。

体にしみついてしまったから、ずっと、はたらきつづけちゃうのかな？　だったら、おばあちゃんの体の中を、ジャブジャブせんたくすることは、できないかな。ぼくに、おばあちゃんの体にしみついた、『はたらくこと』を、取ってあげられればいいのに……。

ぼくは、「うう～ん」と、うなってみたけど、ちっとも、いい考えがうかばない。

「らくにしてあげることなら、こうちゃんにも、できると思うよ。」

お母さんがにっこりわらった。
③おばあちゃんをらくにしてあげることって、なんだろう。
ちょっと考えて、ぼくはペチンとひざをたたいた。

そうだ、おばあちゃんの仕事をてつだってあげれば、いいんだ。


（さとうあゆみ「ぼくのできること」『心にひびくお話　低・中学年』Gakken）

3　③「おばあちゃんをらくにしてあげること」について、「ぼく」はどんなことを思いつきましたか。文章中の言葉を使って書きましょう。（20点）

（　　　　）

4　お話のあらすじをまとめました。（　）に合う言葉を、後の［　］からえらんで、記号を書きましょう。（一つ15点）

「ぼく」のおばあちゃんは、とても（　　）だ。お母さんから、（　　）ことなら「ぼく」にもできると言われ、おばあちゃんをてつだおうと考えた。

ア　あわて者　**イ**　はたらき者
ウ　おばあちゃんをらくにしてあげる
エ　おばちゃんの体をあらってあげる

30 物語（ものがたり）

全体（ぜんたい）をつかむ―あらすじ

練習（れんしゅう） ★★★

◆次（つぎ）の文章（ぶんしょう）を読んで答えましょう。

タカシは、①コスモスの花たばを新聞紙にくるみ、レインコートでおおうようにして、学校へいきました。

教室のてまえで、おなじ組のアヤコにあいました。

「なに、もってるの」

かさばったレインコートをみて、アヤコがききました。

タカシはたちどまり、②レインコートをめくってみせました。

「ぼくがさかせたんだよ。夏休みのあいだ、まいにち水をやったんだ」

「きれいね。先生、きっとよろこぶよ」

ふたりは、そろって教室へはいりましたが、とたんに「あっ！」と目をみはりました。

先生のつくえのうえに、いろとりどりのコスス

❶ ①「コスモスの花たば」とありますが、このコスモスは、どんなコスモスですか。（一つ20点）

タカシが、（　　　）のあいだ、まいにち（　　　）をやってさかせたコスモス。

❷ ②「タカシは、～おしこみました」とありますが、なぜそうしたのですか。□に合うものを一つえらんで、○をつけましょう。（20点）

ジュンのコスモスのほうが、じぶんのよりも花が大きく、かずも多かったので、□から。

ア（　）うらやましくなった

イ（　）はずかしくなった

ウ（　）すごいなあと感心（かんしん）した

ジュンのコスモスとじぶんのコスモスをくらべて、どう思ったかを考えよう。

点

モスが、かびんいっぱいにいけてあったのです。タカシのコスモスより、花が大きく、かずも三ばいはありそうでした。

「すごいだろ。おとうさんがさかせたんだ」

ジュンが、とくいそうにはなしました。
②タカシは、じぶんのコスモスをあわててつくえのしたへおしこみました。
一時間めのじゅぎょうのあと、タカシはろうかで先生によびとめられました。

「タカシくんも、コスモスもってきてくれたんだって？　先生、みせてほしいわ」

うしろに、アヤコの顔がみえました。

タカシは、びっくりしながらも、いそいで花たばをきょういんしつへもっていきました。

「まあ、かわいい。どうもありがと」

先生は、目をほそめてうけとり、つくえのうえのかびんにさしました。

タカシは、ぴょこんとおじぎをすると、アヤコをさがしに、ろうかへとびだしていきました。


（森山京『日本の名作童話21　コスモス』岩崎書店）

3　タカシは、じぶんがコスモスをもってきたことを先生が知っているのはなぜだと考えましたか。（20点）

（　　　　　　）が先生に教えたから。

4　お話のあらすじをまとめます。（　）に合う内ようを、「ジュン」「かくした」という言葉を使って書きましょう。（20点）

タカシは、じぶんがさかせたコスモスの花を、学校にもっていった。ところが、教室にはいったとたん、

（　　　　　　）

アヤコからタカシもコスモスをもってきたことをきいた先生は、タカシのコスモスの花を、きょういんしつのつくえのうえにかざってくれた。

全体をつかむ―あらすじ

◆次の文章を読んで答えましょう。

〔あるあらしのばん、おにのいる島に近よって、おにに見つかってしまったぎょ船が、島かげににげた。〕

きもをつぶしたのは、りょうしたちじゃ。ようやく島かげにたどりつき、やれこれで安心じゃと、ぬれた体をふいているところへ、ぎんぎん目を光らせたおにが、ぬぼっとあらわれたんじゃもの。

「命ばかりはおたすけください。なんぼでも、いうことはききますけん。」

ひたいを、血のでるほどこすりつけて、おににたのんだ。

「それじゃ、ひとつおしえてくれや。わたしは、ここにひとりでおるのが、さびしゅうてならん。あんたらといっしょにくらしたいが、どうしたらええんかのお。」

①おには、りょうしにたずねた。

とんでもない、おにといっしょにくらすなんて……と、りょうしはおもったが、ここでおにをお

おうよう ★★★

1 ①「おには、りょうしにたずねた」とありますが、どんなことをたずねましたか。（一つ10点）

島にひとりでいるのは（　　）ので、りょうしたちといっしょに（　　）が、どうすればいいかということ。

2 ②――といったりょうしは、どんな気持ちでこのようにいったのですか。合うものを二つえらんで、○をつけましょう。（一つ10点）

ア（　）おにといっしょにくらしたい。

イ（　）おにをおこらせたくない。

ウ（　）おには島をもってこないだろう。

エ（　）おにの島をひっぱるのをてつだおう。

点

こらせてはおおごとじゃ。

「へいへい、わしらの島はせまいので、おにさまのすむような場所がありません。②あなたの島をひっぱってきんさったら、いっしょにくらせるでございましょうが……。」

いくらなんでも、おにが島をもってはこないだろうと、かんがえたりょうしは、口からでまかせをいうてしもうた。

ところが、おには、

「これはこれは、ほんまにええことおしえてもろた。あらしがやむまで、せいぜいやすんでいけや。」

にかっと、きばをむきだして、③りょうしたちにおれいをいった。

つぎの日から、おにはひっこしのしたくにかかった。

さいしょの日は、島のそこをずっこずっこけずった。

二日目には、太いつなで島をしばった。

そして、三日目のばん、おにはとうとう、島をひっぱってあるきはじめた。


（山下明生『童話の島じま3　梶山俊夫の島・島ひきおに』あかね書房）

3　③「りょうしたちにおれいをいった」ときのおには、どんな気持ちでしたか。（15点）

ねがいがかなって、（　　　　）。

4　りょうしたちの行動や言葉にそって、おにの行動をとらえ、お話のあらすじを表にまとめます。（　）に合う内ようを、後の［　　］からえらんで、記号を書きましょう。（一つ15点）

りょうしたちの行動や言葉	おにの行動
おにからにげて、島かげにたどりついた。	（　　）
いくらでもいうことをきくから、命だけはたすけてほしいといった。	（　　）
おにが自分の島をひっぱってくるなら、いっしょにくらせるといった。	（　　）

ア　島をひっぱってあるきはじめた。
イ　りょうしたちの前にあらわれた。
ウ　どうしたらいっしょにくらせるかときいた。

全体をつかむ―あらすじ

◆次の文章を読んで答えましょう。

やがて、夏も秋もすぎて、はくさいぼうやはすっかり大きくなった。しもが下りた、ある寒い日のこと、ねずみくんが畑に行ってみると、

「なんだい？　その、はちまきのようなものは！」

はくさいは、ちょうど頭のところを、わらできゅっとくくられていたんだ。

「おひゃくしょうさんがね、りっぱなはくさいになるように、しもにも負けないようにって、はちまきをまいてくれたのさ。」

はくさいは、とくいげに言った。その日から、しもがかんかんに下りても、畑からはこんな元気な声が聞こえたんだ。

「負けんぞ！　寒さに負けんぞ！」

その声を聞くと、ねずみくんも、はらのそこから元気がわいてきたんだよ。ただ、ねずみくんには、①気がかりなことが一つあった。おひゃくしょうさ

おうよう ★★★

点

1 はくさいぼうやは、はちまきをどんなものだと言っていますか。（一つ15点）

りっぱな、（　　　）にも負けないはくさいになるようにと、（　　　）がまいてくれたもの。

2 ①「気がかりなこと」について、□に合うものを一つえらんで、○をつけましょう。（20点）

ねずみくんのはくさいが、□ということ。

ア（　）おひゃくしょうさんに気に入られないのではないか

イ（　）いつか、おひゃくしょうさんにつれていかれるのではないか

ウ（　）なかなか太ることができないのではないか

んが畑に来ては、太ったはくさいからじゅんに、取っていってしまうことだ。ねずみくんのはくさいも、いつか、つれていかれてしまうんじゃないかって、心配だった。でも、運のいいことに、ねずみくんのはくさいは冬をすぎても、畑にのこっていた。

〔春が近づくと、はくさいの葉はかれて、美しい花をさかせた。そして、畑の土になるためにうめられた。〕

つぎの日の夜、ねずみくんが畑に行ってみると、そこにはもう、何もなかった。畑の土が月の下で、ただ青白く光っているだけだった。

「はくさいくーん！　ぼくの、はちまきはくさいくーん！」

ねずみくんはないた。オンオンないた。なみだがどうにも、止まらなかったんだよ。

ふとねずみくんの足の下で、カサリと音がした。なんと、それは、はくさいくんの、わらのはちまきだった。

ねずみくんは、もうなかなかった。頭にはちまきをきゅっとしばると、大きな声で言ったんだ。

「②負けんぞ！　負けんぞ！」

（堀米薫「はちまきはくさいとねずみくんのお話」『心にひびくお話　低・中学年』Gakken）

3　お話のあらすじをまとめます。（　）に合う内ようを書きましょう。（25点）

はちまきをまいたはくさいくんの「寒さに負けんぞ！」という声を聞くと、ねずみくんも元気がわいてきた。ねずみくんは、はくさいくんがおひゃくしょうさんにつれていかれることを心配していた。やがて、はくさいくんは、畑の土になるためにうめられた。

（　　　　）

4　ねずみくんはどんな気持ちで、②――と言っていると思いますか。考えて書きましょう。（25点）

（　　　　）

表げん力

はくさいくんのはちまきをまいて、同じ言葉を言っていることから考えてみよう。

33 せつ明文

文章の全体をつかむ―事実と考え

きほん ★★★

点

◆次の文章を読んで答えましょう。

　わたしがくらした南極大陸のドームふじ基地は、まわり千キロメートルは人も動物もいない、雪と氷だけの世界でした。そこで水を手に入れるのは大変です。雪や氷を集めてとかさなければ、手に入らないのです。毎日二回、水をつくっていました。「雪とり！」と号令がかかると、雪を集めて運びます。大きな水そうに入れて、あたためてとかして水にします。自分たちでつくると「大切にしなくては」という気持ちが大きくなります。おふろや料理で使ったら、また自分たちでつくらなければいけないのですから。

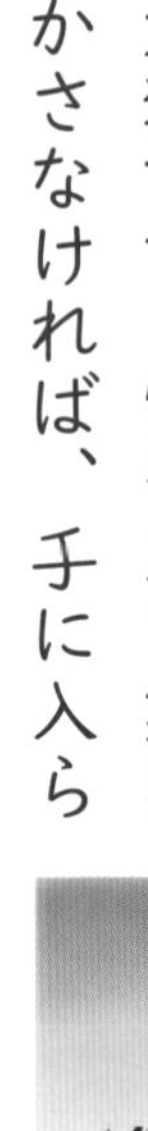

　大切なのは水だけではありません。電気をたくさん使いすぎて、燃料がなくなってしまったら、

段落ごとの内ように注目して、事実と筆者の考えを分けてとらえましょう。

1 南極大陸のドームふじ基地は、どんな様子ですか。（20点）

まわり千キロメートルは人も動物もいない、（　　　　）だけの世界。

2 南極では、どのようにして水を手に入れますか。（一つ15点）

毎日二回、（　　　　）を集めて運び、大きな水そうに入れて（　　　　）水にする。

暖ぼうもつけられなくなり、こごえ死んでしまいます。

　でも考えてみると、それは日本でのくらしと、本当はなにも変わらないのです。わたしたちの家では、水道のじゃ口をひねったら水は出てくるし、スイッチを入れたら電気がつきますよね。それはだれかがつくってとどけてくれているからです。でも自分たちでつくったり、運んだりしないと、いつでもふ通にあるものと思ってしまい、限りがあるということを忘れてしまうのです。

　だれかがつくって届けてくれている、片づけてくれる、ということを思い出したら、「ものは大切にしなくては」という気持ちになれそうですね。

（中山由美『北極と南極のへぇ～　くらべてわかる地球のこと』Ｇａｋｋｅｎ）

3 南極と日本の水や電気について、表にまとめましょう。（一つ15点）

	水	電気
南極	（　　　　）たちでつくる。	使いすぎると燃料がなくなる。
日本	水道のじゃ口をひねったら出てくる。	（　　　　）を入れればつく。

4 筆者がのべている考えとして、合うものを一つえらんで、○をつけましょう。（20点）

ア（　）ものは大切にしなければならない。

イ（　）南極ではだれも助けてくれない。

ウ（　）日本はものがゆたかでくらしやすい。

南極と日本のくらしについて、事実をあげてくらべた後で、考えをまとめているね！

文章の全体をつかむ―事実と考え

◆次の文章を読んで答えましょう。

〔ブナ林は「緑のダム」と呼ばれ、水を貯める はたらきをしている。〕

昔の里山は、*1広葉樹の林を「里山」と呼びますが、近くの集落の生活としっかり結びついていました。広葉樹の木をまきや炭にしたり、落ち葉をたい肥*2にしたり、人間の生活にとってとても大事な資源でした。

だからこそ長いあいだ人間たちは、里山を大切に守り利用してきたのです。

ところが、昔からずっと燃料エネルギーの主役だったまきや炭は、十九世紀になってから石炭や水力に取って変わります。さらに日本では二〇世紀の中ごろ、一九六〇年代の「高度経済成長」のころに、主役は石炭から石油に変わりました。

こうした①燃料エネルギーの主役交代によって、まきや炭のじゅ要*3がなくなったために、日本全国

1 ①「燃料エネルギーの主役交代」について、表にまとめましょう。（一つ10点）

時代	燃料エネルギーの主役
十九世紀まで	（　　）
十九世紀から	（　　）
二〇世紀の中ごろから（日本）	（　　）

2 ①のけっか、日本では何が起こりましたか。（一つ10点）

広葉樹の林は（　　）が入らなくなり、（　　）されるようになった。

にあった広葉樹の林は人の手が入らなくなり、放[*4]きされるようになります。

そしてさらに、②ひどく乱暴なことが行われました。

ブルドーザーを使い、チェーンソーやダンプカーなども使って、ブナの原生林が日本中でつぎつぎにきりたおされました。それは、建築用の木材として高く売れるすぎやヒノキを植林するためでした。

このように、雨水や雪どけ水を貯めることができる「緑のダム」をこわしたことで、こう水や土砂くずれなどの災害が、日本各地で起こるようになってしまいました。

ブナの樹木は、直径が四〇センチになるのに一〇〇年以上かかります。そしてじゅ命は約二五〇年といわれています。現在、全国でわずかしか残っていないブナ林は、本当に本当に貴重なものなのです。

（川北亮司『里山で木を織る　藤布がおしえてくれた宝物』汐文社）

＊1　広葉樹…サクラ、ブナなど、葉が平たくて広い木。　＊2　たい肥…わらなどをくさらせてできるひりょう。　＊3　じゅ要…ひつようとされること。　＊4　放き…すてること。

3　②「ひどく乱暴なこと」について答えましょう。

(1)　どんなことが行われましたか。次の文の□に合う言葉を六字で書きぬきましょう。（12点）

「緑のダム」と呼ばれる、□がつぎつぎにきりたおされた。

□□□□□□

(2)　(1)のけっか、どうなりましたか。（一つ12点）

〔　　　〕や〔　　　〕などの災害が、日本各地で起こるようになった。

4　筆者は、現在残っている「ブナ林」について、どのような考えをもっていますか。文章からもっとも合う一文をさがして、そのはじめの五字を書きましょう。（14点）

□□□□□

事実を書いている部分と、筆者が考えを書いている部分があるよ！　注意して読んでみよう。

文章の全体をつかむ―事実と考え―

おうよう ★★★

点

◆ 次の文章を読んで答えましょう。

いのちを守るためには、なによりも世の中が平和でなければなりません。平和を実現するためには、戦争をしないのはもちろんのことですが、①「ゆるし」の気持ちを持つことがとても重要になります。だれでも失敗をしたり、いろいろとまちがった行動をしてしまうことがありますが、それでひ害を受けた人が仕返しをすると、世の中は平和にはなりません。②仕返しが仕返しを呼んで、争いがどんどん大きくなっていくからです。

江戸時代には「あだ討ち」という制度がありました。自分の親や兄弟、家族を殺された人が届け出をして、殺した相手を探し出し、仕返しをするというものです。親しい人を殺された人たちの側から見れば、やりきれない気持ちを収めるための方法なのでしょうが、相手のほうから見れば「殺された」ということになり、新たなあだ討ちの理由ができてしまいます。どこか

1 ①――は、なぜ重要なのですか。（一つ10点）

□□を実現し、□□□を守るため。

2 ②――について答えましょう。

(1) どのようなれいがあげられていますか。（15点）

江戸時代の「〔　　　〕」という制度。

(2) (1)の制度では、どうして仕返しが仕返しを呼んでしまうのですか。（15点）

仕返しされた側に、

〔　　　〕

ができてしまうから。

3 筆者は、どのような考えをのべていますか。（一つ10点）

でだれかが「ゆるす」と決めないと、永久にあだ討ちがつづいてしまいます。

わたしがきみたちに持ってほしいのは、くやしい、つらい、にくいと思っても、仕返しをしないでゆるすという大きなこころです。みんながそれを持つようになると、世の中全体で本当にいのちを大切にすることができるようになります。

（中りゃく）

「ゆるし」を実行するには、*1理性の力が必要です。人は感情にだけ流されていると、しだいに動物のような*2弱肉強食の生き方になっていきます。感情はとても大切なものですが、人はそれだけで生きてはいけません。ときには理性の力を借りて、感情にストップをかけることも必要です。「くやしい」「がまんできない」と、暴力をふるいたくなったときこそ、理性の力で「ゆるし」を選んでほしいのです。

（日野原重明『十代のきみたちへ　―ぜひ読んでほしい憲法の本』冨山房インターナショナル）

*1　理性…感情に流されるのではなく、すじ道を立てて考えてはんだんする力。　*2　弱肉強食…強いものが弱いものをえじきにすること。

（　　　）の力を借りて、（　　　）にストップをかけ、（　　　）という大きなこころを持ってほしい。

4 あなたが、だれかのことをゆるしたり、ゆるしてもらったりしたけいけんを思い出して、その出来事と、感じたことを書きましょう。（一つ10点）

・出来事…（　　　）

表げん力

・感じたこと…（　　　）

自分のけいけんを思い出して、事実と感じたこと（考え）を分けて書いてみよう。

36

せつ明文

文章の全体をつかむ――要約する

きほん ★★★

点

◆次の文章を読んで答えましょう。

①プラスチックのごみには、いろいろな大きさのものがあります。プラスチックでできた船も、捨てられてしまえば大きなごみですし、レジぶくろやストローのように、もともと小さめのプラスチックごみもあります。

最近、もっと小さなプラスチックごみが注目されています。大きさが五ミリメートルより小さい、とても小さなプラスチックごみです。これには「②マイクロプラスチック」という名前がつけられています。「マイクロ」というのは英語で「とても小さい」という意味です。

マイクロプラスチックのなかには、もともと小さなものもあるし、もとは大きかったのに、くだけて小さくなったものもあります。大きな

話題や段落の中心となる文、くり返し出てくる言葉に注目して、文章全体の内ようをつかみましょう。

1 ①――のれいとしてあげられているものを、文章から三つ書きぬきましょう。（一つ15点）

〔　　〕〔　　〕〔　　〕

「プラスチック」は、文章の中にくり返し出てくるキーワードだね！

2 ②「マイクロプラスチック」とは、どのようなものですか。（一つ15点）

発泡スチロールのかたまりなら、海に浮いていればプラスチックごみだとわかりますが、マイクロプラスチックは小さくてよく目に見えないので、ちょっと見るときれいな海にも、たくさんのマイクロプラスチックがただよっているかもしれません。

マイクロプラスチックは、小さな魚がえさにする動物プランクトンと似た大きさなので、小魚が食べてしまいます。その小魚をもっと大きな魚が食べ、その魚をアザラシなどの大きな動物が食べる。マイクロプラスチックは、こんな具合に、さまざまな生き物の体内に広まっている可能性があります。

プランクトン
小さな魚
大きな魚や動物

（保坂直紀『クジラのおなかからプラスチック』旬報社）

大きさが（　　　　）より小さい、とても小さな（　　　　）。

3 この文章を要約したものを一つえらんで、○をつけましょう。（25点）

ア（　）マイクロプラスチックは、よく目に見えないほど小さく、さまざまな生き物の体内に広まっている可能性がある。

イ（　）マイクロプラスチックは最近注目されており、「マイクロ」は英語で「とても小さい」という意味である。

ウ（　）マイクロプラスチックのなかには、もともと小さなものもあるし、くだけて小さくなったものもある。

37

せつ明文

文章の全体をつかむ―要約する

練習 ★★★

点

◆次の文章を読んで答えましょう。

人が生きていくためには、食べなければなりません。安心してねむれる場所も必要です。おふろにも入り、服も着ます。

何かを買おうとすれば、お金がかかります。人が働く理由の一つは、お金をえることです。働いてお金をもらう仕事を「①職業」といいます。まわりを見わたしてみましょう。いろいろな職業があることに気づきます。

お店でものを売る人、会社や役所で働いている人、米や野菜をつくる人、工事をする人、乗り物で人やものを運ぶ人もいます。

でも仕事はそれだけではありません。家の中の仕事をする人もいます。あなたもお手伝いをしたことがあるでしょう。②お手伝いや家事も仕事です。

仕事には、お金をもらう仕事と、もらわない

1 この文章は、何について書かれていますか。一つえらんで、○をつけましょう。(20点)

ア（　）お金をえる理由について。

イ（　）仕事をする理由について。

ウ（　）会社で働く理由について。

2 ①「職業」は、どのようなものですか。文章から十一字で書きぬきましょう。(20点)

3 ②「お手伝いや家事」は、どのような仕事ですか。「お金」という言葉を使って書きましょう。(20点)

（　　　　　　　　　　）仕事。

仕事があるのです。どちらも大切です。

なぜ、こんなにたくさんの仕事があるのでしょう。

それは、人がみんなで助けあって生きているからです。

もし人が自分だけの力で生きるとしたら、大変です。作物を育て、魚をとり、家を建て、服をつくり……。何から何まで自分でしなければなりません。

、たいていの人は、そこまでしていません。今の私たちの社会は、みんなが手分けして仕事をし、つながりあっています。そのおかげで、一人がすべてをせおわずに、生活が成りたつからです。

人が働くのは、そのつながりあいに参加するためでもあるのです。

（長田　徹監修『そうなんだ！しごとのお話』Gakken）

4 □に合う言葉を一つえらんで、○をつけましょう。（20点）

ア（　）でも

イ（　）つまり

ウ（　）また

5 この文章を要約したものを一つえらんで、○をつけましょう。（20点）

ア（　）人が働くのは、自分一人の力でしっかり生きていけるようにするためである。

イ（　）人が働くのは、お金をえるためと、人とのつながりあいに参加するためである。

ウ（　）人が働くのは、お金よりも人との助けあいを大切にした社会をつくるためである。

この文章の話題は何か、考えよう！
「人が働く理由」についてまとめてあるものをえらぼう！

文章の全体をつかむ――要約する

練習 ★★★

点

◆次の文章を読んで答えましょう。

1本と出会うことの大切さを話してきましたが、本と出会うということは、どういうことでしょうか。出会うということについて考えてみることにしましょう。

2出会うというのは、単に「本に会う」というのとはちがいます。①会うのではなく、「出会う」のです。本と出会うためには、「自分の心をそとにひらいていく」ことです。どこかでばったり本に会うのではなく、自分から本に近づいていくことが必要なのです。

3［　］、読書は自分からの働きかけが必要なのだといわれているのです。「本を読みたくない。」「本はつまらない。」「本なんてめんどうくさい。」というように、自分の心を閉ざしていたのでは、本と出会うことはできません。閉ざしていた自

1 この文章の話題がしめされている段落の番号を書きましょう。（15点）

〔　　〕

2 ①――とありますが、これはどういうことですか。文章から三十二字でさがして、はじめの五字を書きぬきましょう。（15点）

□□□□□

3 ［　］に合う言葉を一つえらんで、○をつけましょう。（10点）

ア（　）ですから

イ（　）しかし

ウ（　）ところで

分の心のとびらを少しずつひらくことで、ほんとうに本と出会うことができるのです。

4また、本との出会いは、本を自分で見つけられることだけをいっているのではありません。いろいろな本との出会いを通して、登場人物の気持ちになったり、新しい事実を知ったりしながら「新しい自分と出会う」ことです。

5いいかえれば、「自分探しの旅」や「新しい自分を発見」するということです。いままでの考え方、見方、生き方などについてふり返り、自分の心とむきあい、自分の心をひらいていくとき、②新しい自分と出会っていくことになるのです。心のとびらがひらいているからこそ、読書を通していままでとはちがう自分自身を見つめ、自分を変えていくことができるのです。

6すばらしい本との出会いを通して「自分探しの旅」や「新しい自分を発見」していきましょう。

（吉岡日三雄『読書感想文の書き方』ポプラ社）

4 ②――とありますが、どのようなときに新しい自分と出会っていくことになるのですか。（一つ15点）

いままでの考え方、見方、生き方などをふり返り、自分の心と〔　　　〕、自分の心を〔　　　〕とき。

5 この文章を要約した次の文に合う言葉を、文章から書きぬきましょう。（一つ15点）

本と出会うということは、「〔　　　〕」や「〔　　　〕」するということである。

「本と出会う」ことについて、筆者がくり返しせつ明しているのは何かな？

39 せつ明文 文章の全体をつかむ―要約する

おうよう ★★★

◆次の文章を読んで答えましょう。

太陽の力や、風の力、水の力を使って作られた電気や熱を、再生可能エネルギーといいます。再生可能エネルギーは、自然エネルギーともよばれ、みなさんの身近にある自然の力を利用するものがたくさんあります。□、太陽光や太陽熱、風力、水力、地熱、温泉熱、バイオマスなどが再生可能エネルギーとよばれます。地球上にある再生可能エネルギーの多くは、太陽からのエネルギーが地球にいろいろなえいきょうをあたえることで、作られたりたくわえられたりしてきたものです。そして、再生可能エネルギーは、わたしたちの祖先がずっと昔から使ってきたエネルギーでもあります。

＊化石燃料がたくさん使えるようになってからは、再生可能エネルギーは一度に使えるエネルギーが小さく、資源をためておいたり運んだりする

❶ 「再生可能エネルギー」とはどのようなものですか。（一つ5点）

太陽の力や、（　　）の力、（　　）の力を使って作られた電気や（　　）のことで、わたしたちの祖先が（　　）から使ってきたエネルギー。

❷ □に合う言葉を一つえらんで、○をつけましょう。（10点）

ア（　）ですから
イ（　）または
ウ（　）たとえば

❸ 再生可能エネルギーと化石燃料の問題点を、表にまとめましょう。（一つ10点）

点

こともむずかしかったので、あまり使われてきませんでした。ところが、化石燃料のほり出せる量と残っている資源の量に限界があることや、化石燃料を燃やすと地球温暖化や大気お染などかん境問題の原因になることがわかってきたので、新しい資源として再生可能エネルギーが注目されるようになってきました。

再生可能エネルギーは自然の中にある力を使うため、かん境にあまり悪いえいきょうをあたえません。そして、エネルギーのほとんどが太陽や地球から供給されているので、資源として半永久的に使うことができます。

（馬上丈司『知ろう！　再生可能エネルギー』少年写真新聞社）

＊　化石燃料…石油など、昔の動植物が変化してできた燃料。

エネルギー	問題点
再生可能エネルギー	・一度に使えるエネルギーが小さい。 ・資源を（　　）おいたり、運んだりすることがむずかしい。
化石燃料	・量に（　　）がある。 ・燃やすと、地球温暖化などの（　　）の原因になる。

4　この文章を要約した次の文の(1)～(4)に合う言葉を、後の［　］からえらんで、記号で答えましょう。（一つ10点）

(1)を利用して作る再生可能エネルギーは、かん境への(2)が少なく、(3)に使うことができるため、(4)に代わる資源だと注目されている。

ア 化石燃料　イ 半永久的　ウ 自然の力
エ 大気お染　オ 悪いえいきょう

(1)（　　）　(2)（　　）　(3)（　　）　(4)（　　）

◆次の文章を読んで答えましょう。

〔葛西臨海水族園では、開館記念日のイベントで、本物のクロマグロにさわることができる。〕

このクロマグロは、死んだクロマグロを冷とう保存した標本なのですが、じっさいにさわったみなさんは、とてもびっくりします。クロマグロのからだが、思ったよりもスベスベだからです。

ふつうの魚は、ザラザラのうろこでからだの表面がおおわれていますが、クロマグロの表面は、あまりザラザラしていません。クロマグロがこうなったのは、すこしでも水のていこう*1をへらしてはやく泳ぐためと考えられています。

とくに、頭の部分に注目してください。頭は、泳ぐときさいしょに水のていこうを受けるところなので、からだのほかの表面よりすこしかた

❶ クロマグロのからだの表面はどんな様子ですか。一つえらんで、○をつけましょう。（10点）

ア（　）ザラザラしている。
イ（　）ピカピカしている。
ウ（　）スベスベしている。

❷ クロマグロの頭の部分は、どのようになっていますか。（一つ10点）

すこし（　　）なっていて、うろこは頭の皮のなかに（　　）いる。

❸ クロマグロのからだが❶❷のようになっているのは、何のためだと考えられていますか。（一つ10点）

水の（　　）をへらして、（　　）ため。

くできています。見た目には、うろこもありません。*2まさつを少なくして、すこしでもはやく泳げるように進化した「ぼうず頭」です。
でも、正確にいうと、うろこはないのではなく、頭の皮のなかにうもれているのです。頭に強い光を当てると、うろこのもようが、うっすらとうかびあがってきます。
クロマグロをあつかうときに、ぼくたちはけっして素手ではさわりません。なぜかというと、手の力がかかって、すべすべの皮ふをきずつけてしまうといけないからです。もし皮ふがきずつくと、そこから細きんがからだに入って、病気になってしまうかもしれませんから。
あたらしいクロマグロを水族園に運び入れるときも、水そうつきのトラックから水族園の大水そうまで、クロマグロにはさわらずに運びます。

（雨宮健太郎「クロマグロのひみつ」『びっくり！　マグロ大百科』講談社）

*1　ていこう…力に対して、反対の方向にはたらく力。
*2　まさつ…すれ合うこと。

4　――とありますが、それはなぜですか。（一つ10点）

クロマグロの（　　　）をきずつけて、そこから細きんが入って（　　　）になってしまうのをさけるため。

5　この文章を要約した次の文の(1)・(2)に合う言葉を、文章中の言葉を使って書きましょう。（一つ15点）

クロマグロは、(1)ように進化したからだをしていて、水族園では、クロマグロのからだを(2)ように注意している。

表げん力

(1)…（　　　）

(2)…（　　　）

段落ごとに大事なことをとらえて、文章の中心となる内ようを短くまとめよう。

41 ずい筆

言葉を味わう

きほん ★★★

◆次の文章を読んで答えましょう。

あなたに手紙を書きます。冒険したいあなたに手紙を書きます。

小学三年生の時でした。初めて一人でバスに乗って歯医者さんに行きました。母とは何度も通っています。どのバスに乗ればいいか、どこで降りればいいかはわかっています。

「よし、だいじょうぶ」と何度も確認して乗りました。

窓の外を見なれた風景が流れていきます。と思っていたら、ようすがおかしい。見たことのない中学校を通り過ぎるのです。あせりました。頭が真っ白になりました。「あれだけ確かめたのに！」と、くやんでもだれも助けてくれません。

運転手さんにたずねると、やっぱりまちがっていました。もどり方はかなり複雑で、泣きた

筆者の体験や事実に注目して、書かれていることや筆者の思いをとらえましょう。

1 筆者は、いつの、どんな体験について書いているでしょう。（一つ15点）

（　　　）の時、（　　　）に行くのに、乗るバスをまちがえた体験。

2 文章の□に合う言葉を一つえらんで、○をつけましょう。（20点）

どんな体験かは、二～五つ目のまとまりに注目して考えよう。

ア（　）運転手さんにたのみこむ
イ（　）母にむかえに来てもらう
ウ（　）自力でがんばる

点

くなりました。今のように携帯電話はありません。

［　　］しかないのです。

歯を食いしばって、しかし「今度こそはまちがえないぞ」と決意して、前へ進んでいきました。親切なおばさんが力を貸してくれて、無事に歯医者さんに着くことができました。

今から思えば小さなことです。でも当時の私には大冒険でした。この経験の後、一人で乗り物に乗れるようになったのです。冒険が、勇気と注意深さをプレゼントしてくれました。

毎日の生活の中に冒険はあります。失敗した時ほど冒険心を育てるチャンスです。泣きたい気持ちをぐっとおさえて進みましょう。あっ、でも、家族への連絡を忘れないこと。人に迷惑をかけるのは冒険じゃないからね。

（ひきたよしあき『大勢の中のあなたへ』朝日学生新聞社）

3 「当時の私には大冒険でした」とありますが、この大冒険は、「私」に何をプレゼントしましたか。文章から二つ書きぬきましょう。（一つ15点）

［　　　　］［　　　　］

4 この文章を通して、筆者はどのようなことを言おうとしているのでしょう。合うものを一つえらんで、○をつけましょう。（20点）

ア（　）用心深く、しんちょうに物事を進めることによって、失敗をしなくなる。

イ（　）こまったときは、親切な人の力をかりて前へ進むことも大切だ。

ウ（　）失敗をおそれず前に進むことで、冒険心を育てることができる。

さい後のまとまりに注目しよう。体験について、どんなことを言っているかな。

言葉を味わう

点

◆次の文章を読んで答えましょう。

“動物園は野生へのまど”ということばがあります。どういう意味かというと、みなさんは動物園に来て、ゴリラという動物を見ますね。ちょっとこわそうだけど、よく見たり、動物舎の前にある説明を読んだりすると、「へえーっ、すてきな動物なんだ」と興味がわいて、すきになることもあるでしょう。もちろん、ゴリラじゃなくて、ゾウやパンダ、ペンギンかもしれません。

そうすると、その動物のことがもっと知りたくなってきて、本やインターネットで調べるかもしれません。野生ではどこにすんでいるのか、なにを食べるのか、どんな行動をするのかなど、どんどんくわしくなっていきます。

そして、“野生ではとても数がへっていて、地球からいなくなってしまうかもしれない”ということが書いてあるかもしれません。だいす

1 動物園に来て、ある動物に興味がわいて、すきになると、次にどうするかもしれないと、筆者はいっていますか。（一つ15点）

その動物のことがもっと知りたくなってきて、

（　　　　）や（　　　　）で

調べるかもしれない。

2 ――ということについてもっと調べると、どんなことに気がつくかもしれないとありますか。文章から二つさがして、「こと。」につづくように、はじめと終わりの五字をそれぞれ書きぬきましょう。（両方できて一つ15点）

・

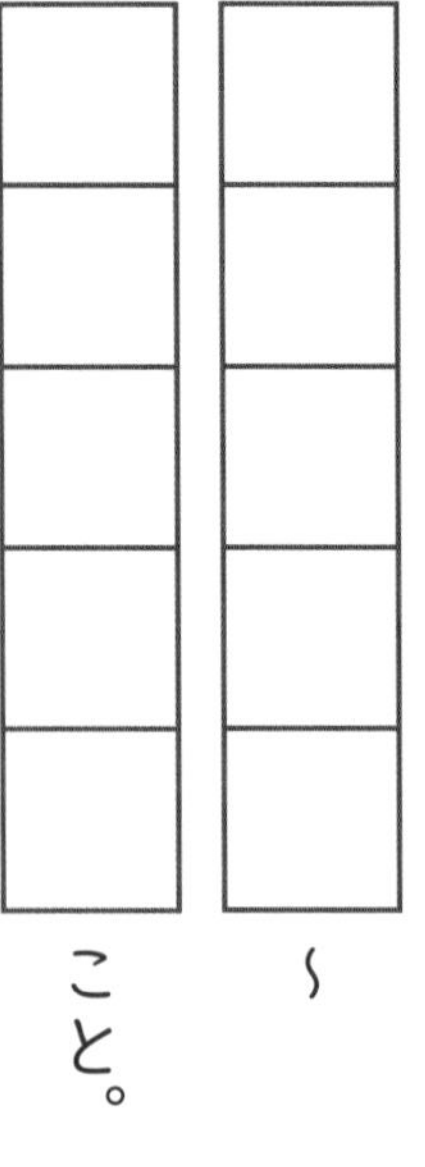

〜

こと。

きになった動物がそうなるかもとわかったら、みなさんはどうですか？「どうしてなんだろう？」って、ふしぎに思いませんか。

そうなんです。それが、だいじなのです。ふしぎに思ったら、どうしますか？ 知りたくなって、もっと調べたりしますよね。調べてみると、世界じゅうの森でどんどん木が切りたおされ、動物がすむ場所が少なくなっていることや、植物や動物たちが生きていくためになくてはならない水や空気がすごくよごれてしまっていることに気がつくかもしれません。

もうわかりましたね!!

動物をとおしてそういうことに気づいたり、なにをすればよくなるのかを考えたりする第一歩になればいいなと、動物園は考えているのです。

“動物園が□への入り口の役割をもっている”ことが、少しでもわかってもらえたらうれしいです。

（長尾充徳『ゴリラのきずな　京都市動物園のゴリラファミリー観察記』くもん出版）

・□□□□□～□□□□□こと。

3 文章の□に合う言葉を一つえらんで、○をつけましょう。（20点）

ア（　）ゴリラ　イ（　）野生

ウ（　）説明

4 この文章で筆者がつたえたいことに合うものを一つえらんで、○をつけましょう。（20点）

ア（　）動物をとおして、白ぜんや生物について深く考えるようになってほしい。

イ（　）動物園をすきになって、いろいろな動物について調べてみてほしい。

ウ（　）動物園にいる動物だけではなく、身の回りの動物にも興味をもってほしい。

言葉を味わう

◆次の文章を読んで答えましょう。

一月ほど前、少し遠い地に行って、タクシーに乗ったおり、運転手さんがいいました。

「お客さん。夕方には、雨が降りますよ」

「え。こんなに晴れているのに？」

私は①おどろいた声のまま、ききました。

「天気予報で、そういっていましたか？」

「いいえ。ほら、右側のむこうの高い山に、雲がかかっているでしょう。あの山に雲がかかると、雨が降るって、じいさんがいつもいってたもんですからね」

「まあ、運転手さんのおじいさんですか」

私は、運転をしている方の綺麗な白髪をうしろからみながら、たずねました。

「ええ。じいさんの天気予報は、よくあたりましてねえ、近所の人がわざわざ、ききにきたぐらいですよ。

じいさんは、毎朝起きると、すぐ外にでて、

おうよう ★★★

1 ①「おどろいた声」とありますが、「私」はどんなことにおどろいたのですか。（一つ20点）

今はとてもよく（　　）いるのに、タクシーの運転手さんが、夕方には（　　）といったこと。

2 ②「じいさんって偉い人だなあって尊敬していました」とありますが、運転手さんは、おじいさんのどんなところを尊敬していたのですか。文章中の言葉を使って書きましょう。（20点）

（　　）

点

空をみるんです。そして雲や風のぐあいで、その日の天気をいいましたね。

　子どもの私もいっしょに空をみてね、空をみるだけで天気をいいあてるなんて、②じいさんって偉い人だなあって尊敬していましたよ」

　運転手さんのあたたかい笑い声をきいているうち、空をみあげている老人と③小さい男の子が、くっきり影絵のように浮かびました。

「それは、かけがえのない、いい時間でしたね」

　そういったとき、④私はどきっとしました。

　天気予測をするため空をみあげるという、この原始的で豊かな時間を、自分が全く失っていることに気がついたからです。天気予報の恩恵に、それほど浸っているということでしょう。

「いいお話をありがとうございました」

　目的地で車をおりてから見あげた空の青さの眩しかったこと、私は思わず目をとじてしまいました。


（あまんきみこ『空の絵本』童心社）

3 ③「小さい男の子」とありますが、これはだれのことですか。文章から五字で書きぬきましょう。（20点）

4 ④「私はどきっとしました」とありますが、どんなことにどきっとしたのですか。□に合う言葉を後から一つえらんで、○をつけましょう。（20点）

□を自分が全くすごしていないことに気がついたから。

ア（　）だれかといっしょに自ぜんの美しさを楽しむ時間

イ（　）人間と自ぜんが直せつふれ合うような時間

ウ（　）いそがしさをわすれて、のんびりとすごす時間

言葉を味わう

きほん ★★★

点

言葉やリズムに注目して、作者の感動をとらえましょう。

◆ 次のA・Bの詩を読んで答えましょう。

A

あしあと　童みどり

秋があるいて
いったあと
①つたの葉っぱに
のこってる

風がわたって
いったあと
②いわし雲に
のこってる

③私があるいた
あしあとは
わたしのなかに
つづいてる

1 Aの詩の①・②――では、何がのこっているのですか。詩から四字で書きぬきましょう。（20点）

□□□□

2 Aの詩の③「私があるいた／あしあと」では、どんなことを表していますか。合うものを一つえらんで、○をつけましょう。（20点）

ア（　）「私」がいろいろな場所に行ったこと。
イ（　）「私」が今までにやってきたこと。
ウ（　）「私」が地面にのこしたあと。

B

ぶどう

与田準一(よだじゅんいち)

ぶどうのように、
ひとつ　ひとつが
まるく。

ぶどうのように、
①みんなが　ひとつの
ふさになって。

ぶどうのように、
ゆったりと
においも　あまく。

ぶどうのように、
②よろこびを
ひとから　ひとへ。

3 Bの詩の中で、くり返(かえ)されている言葉(ことば)を、詩から七字で書きぬきましょう。(20点)

4 Bの詩の①・②――では、どのようなことを言っていますか。それぞれ合うものを、後の[　]から一つえらんで、記号(きごう)を書きましょう。(一つ20点)

①〔　　〕　②〔　　〕

ア　よろこびをみんなで分かち合おうということ。
イ　みんながまねして同じようなことをすること。
ウ　ぶどうからよろこびが生まれること。
エ　みんながなかよくまとまること。

ぶどうの見た目や、ぶどうを食べるときのことを思いうかべて考えよう。

言葉を味わう

きほん ★★★

点

うたわれているけしきや出来事、気持ちに注目して、作者の感動をとらえましょう。

◆ 次のⒶの短歌・Ⓑの俳句を読んで答えましょう。

Ⓐ

① 草わかば色鉛筆の赤き粉の
　ちるがいとしく寝て削るなり
　　　北原白秋

（意味）草のわかばの緑の中に、削った色鉛筆の赤い粉をちらしていると、いとしくなってきて、寝ころんだまま削りつづけるのだ。

② みづうみの氷は解けてなほ寒し
　三日月の影波にうつろふ
　　　島木赤彦

（意味）湖の氷は解けたが、冬の寒さはまだつづいている。湖面には、三日月の影がうつって波にゆれている。

1 ①の短歌には、どんな色が出てきますか。それぞれ漢字一字で書きましょう。（一つ10点）

・草のわかばの（　　）。

・削った色鉛筆の粉の（　　）。

2 ②の短歌では、何を見て、寒さを強く感じたのですか。（一つ10点）

（　　）が解けた湖面にうつる

（　　）の影が、波にゆれている様子。

B

③ 海に出て木枯(こがらし)帰るところなし

山口誓子(やまぐちせいし)

(意味)このものすごいこがらしは、海に出て行くと、帰るところがない。消(き)え去(さ)るだけだ。

④ をりとりて(お)はらりとおもきすすきかな

飯田蛇笏(いいだだこつ)

(意味)風にふかれるままになびいているすすきは、重(おも)さなどなさそうだが、おりとってみると、その重みが手につたわってきたことだ。

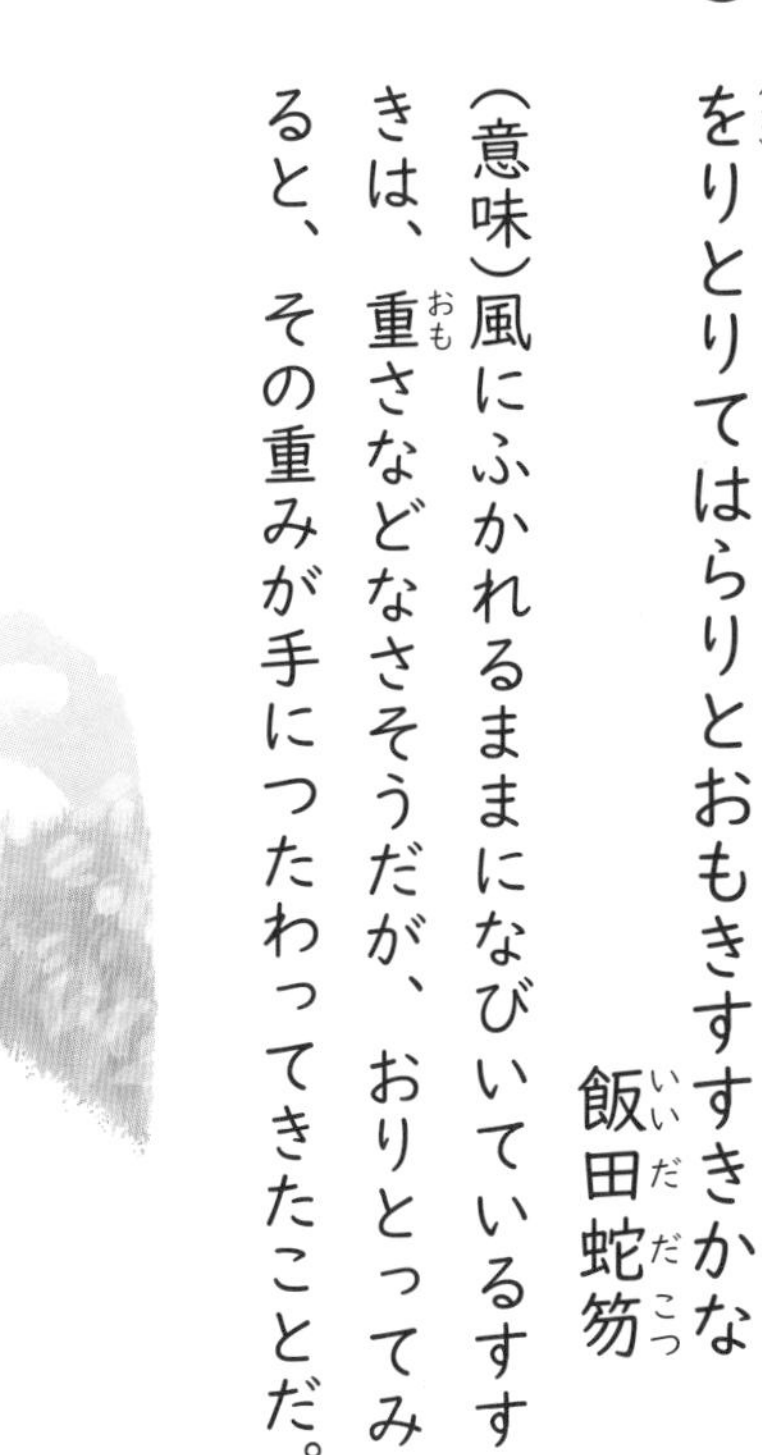

3

(1) ③・④の俳句について、答えましょう。

③・④の俳句は、いつのきせつのものですか。また、それはどの言葉(ことば)から分かりますか。(一つ10点)

③ きせつ〔　　〕 言葉〔　　〕

④ きせつ〔　　〕 言葉〔　　〕

(2) 人間でないものを人間のように表(あらわ)している俳句は、どちらですか。番号(ばんごう)を書きましょう。(10点)

〔　　〕

(3) ④の俳句で、すすきの重さをどのような言葉で表していますか。俳句から三字で書きぬきましょう。(10点)

言葉を味わう

練習 ★★★

点

◆次の詩を読んで答えましょう。

土① 三好達治

蟻が
蝶の羽②をひいて行く
ああ
ヨットのようだ

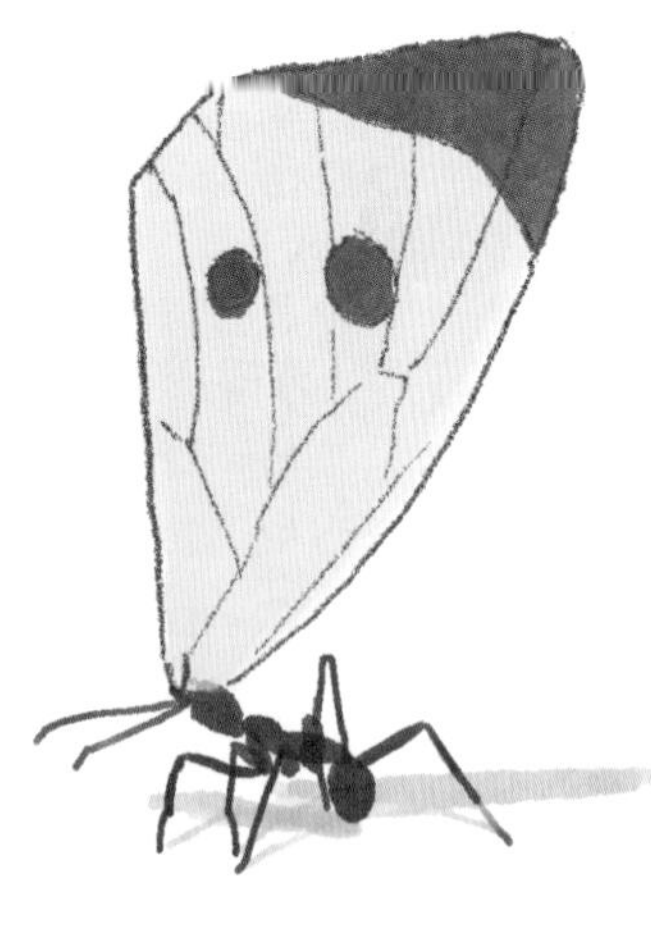

1 ①「土」を何にたとえていますか。合うものを一つえらんで、○をつけましょう。（15点）

ア（　）畑　イ（　）海　ウ（　）山

四行目に注目しよう。

2 ②「蝶の羽」を何にたとえていますか。詩から書きぬきましょう。（20点）

［　　　　］

3 この詩は、どんな様子を表していますか。合うものを一つえらんで、○をつけましょう。（15点）

ア（　）蟻が、蝶の羽に乗って動いていく様子。

イ（　）蟻が、蝶のようなすがたになりたいと、あこがれている様子。

ウ（　）蟻が、蝶の羽を立てて土の上をひっぱっていく様子。

◆次のA(エー)の短歌(たんか)・B(ビー)の俳句(はいく)を読んで答えましょう。

A

東(ひんがし)の野にかぎろひ(い)の立つ見えて
かへ(え)り見すれば月かたぶきぬ
柿本人麻呂(かきのもとのひとまろ)

（意味(いみ)）東(ひがし)の野に夜明けの太陽(たいよう)の光が見えたので、ふり返(かえ)ると、月が西にかたむいていた。

B

やせがへ(え)る負(ま)けるな一茶(いっさ)これにあり
小林一茶(こばやしいっさ)

（意味）二ひきのかえるがけんかをしている。負けそうなやせたかえるよ、負けるな、一茶がここについているぞ。

4 Aの短歌の作者(さくしゃ)は、東と西に、何を見たのですか。短歌から、それぞれ四字と一字でさがして、書きぬきましょう。（一つ15点）

・東 □□□□

・西 □

（意味）をよく読もう。

5 Bの俳句には、作者のどのような思いが表れていますか。合うものを一つえらんで、○をつけましょう。（20点）

ア（　）いつも弱く、負けているものに対(たい)して、なさけないと感(かん)じる思い。

イ（　）弱いものをおうえんし、はげまそうという思い。

ウ（　）負けているもののすがたを見て、自分はそうなりたくないとねがう思い。

言葉を味わう

練習 ★★★

◆次の【詩】と【かんしょう文】を読んで答えましょう。

【詩】

動物たちの恐しい夢のなかに　川崎洋

犬も
馬も
夢をみるらしい

①動物たちの
恐しい夢のなかに
人間がいませんように

1 ①「動物たちの／恐しい夢のなかに／人間がいませんように」には、詩の作者のどのようなねがいが表れていますか。合うものを一つえらんで、○をつけましょう。（20点）

ア（　）動物たちも人間も、こわい夢をみないような世の中になってほしい。

イ（　）動物たちの夢に、人間がこわいものとして出てこないでほしい。

ウ（　）動物たちのこわい夢のなかに、なぜ人間が出てくるのかを知りたい。

2 【かんしょう文】の□に合うことばを一つえらんで、○をつけましょう。（20点）

ア（　）わすれて　イ（　）守って

ウ（　）おびやかして

点

【かんしょう文】

この詩をよんだとき、わたくしは、犬の夢のことなど思ってもみなかった自分に気づきました。この詩のやさしさは、動物たちを自分の弟か、子どものように思っていることでしょう。そして、人間の自分勝手な暮らし方が、動物たちの生活を［　　］いることを心配しているのでしょう。

「②動物を愛しましょう」と、わたくしたちはよくいいます。しかし、ただの「愛しましょう」ということばより、この詩の方がどんなにか、その愛情のあり方を教えていることでしょう。それは、幼いときにこわい夢におびえた自分の経験を、そのまま動物の上にかさねて思う友情、やさしさがこめられているからです。

（高田敏子『詩の世界』ポプラ社）

3 ②「動物を愛しましょう」について、答えましょう。

(1) ②――のことばについて、【かんしょう文】の筆者は、どのようにのべていますか。合うものを一つえらんで、○をつけましょう。（20点）

ア（　）このことばも詩も、動物への愛情のあり方をよく表している。

イ（　）詩よりもこのことばで何度もつたえた方が、動物に愛情がつたわりやすい。

ウ（　）このことばよりも詩の方が、動物への愛情のあり方をよく教えている。

(2) (1)のように筆者が考えるのは、なぜですか。（一つ20点）

詩には、自分の経験を動物にかさねて思いやる、（　　）や（　　）がこめられているから。

言葉を味わう

おうよう ★★★

点

◆次の【短歌】と【かんしょう文】を読んで答えましょう。

【短歌】

霞たつながき春日に子供らと
手毬つきつつこの日暮らしつ
良寛

【かんしょう文】

春の霞がうらうらと立つ長い春の日に、子どもたちといっしょに手まりをつきつき一日を暮らしたことでした。「良寛さん」と言えばこの歌、というほどに名高い歌です。「つきつつ」のあたり、手まりをつく感じが、リズミカルに出ています。子どもといっしょの良寛さんも、良寛さんといっしょの子どもも、とても幸せそうで、読んでいる私たちの気分もゆったり、たっぷりします。

（坪内稔典監修・中津昌子『絵といっしょに読む国語の絵本2　短歌のえほん』くもん出版）

1　【短歌】では、どのように一日をすごしたことが歌われていますか。【かんしょう文】からさがして書きぬきましょう。（一つ10点）

霞が立つ長い（　　　）の日に、
（　　　）といっしょに、
（　　　）をつきながら一日をすごしたこと。

2　【かんしょう文】の筆者は、この短歌について、どのような感想をのべていますか。（一つ10点）

良寛さんも子どもも、とても（　　　）そうで、読んでいる人を（　　　）、たっぷりとした気分にしてくれる。

◆次の【俳句】と【かんしょう文】を読んで答えましょう。

【俳句】

夕だちや草葉をつかむむら雀

与謝蕪村

【かんしょう文】

ものすごい夕立だ。あれ、たくさんの雀が木の下の草の葉をつかんで、夕立をよけているよ。――あまりにはげしい夕立のため、飛べない雀たちが、草の葉かげに見えかくれしているようすが目に浮かびます。夕立のはげしさを、あわてる雀によって表現したものです。

（藤井圀彦 編著『俳句を読もう――芭蕉から現代までの二六八句――』さ・え・ら書房）

3 「草葉をつかむむら雀」のようすは、【かんしょう文】では、どのように表されていますか。二十七字でさがして、はじめと終わりの五字をそれぞれ書きぬきましょう。（両方できて15点）

□□□□□ ～ □□□□□

4 【かんしょう文】の筆者は、俳句の作者が、夕立のはげしさを何によって表現しているとのべていますか。（15点）

（　　　　）

表げん力

5 □に合う、七音と五音の言葉を考えて、俳句を作りましょう。（両方できて20点）

夕だちや □ □

くらべて読む

きほん ★★★

◆次の文章を読んで答えましょう。

①太陽の光がつくりだすのは、にじだけではありません。青空や夕焼けの空も、太陽の光によってつくられます。

太陽の光には、空気のつぶにぶつかると*四方八方に散らばるという性質があります。そして、散らばりやすさは、色ごとにことなっています。地球の大気の場合は、青に近い光が散らばりやすく、赤に近い光は散らばりにくいのです。

左の図を見てください。晴れた日の昼間の空が青いのは、太陽の光が空気の層（大気けん）にとつ入してすぐに、青に近い色が散らばるからです。

では、②夕焼けの空が赤いのは、なぜでしょう。夕方になると、太陽の光は水平線や地平線のかなたから、厚い大気の中を通ってやってきます。その間に、たくさんの空気のつぶに当たり、青

文章や図、しりょうを読み取り、それぞれの内ようやくらべて分かることをとらえましょう。

1 ①「太陽の光」について答えましょう。

(1) 太陽の光がつくりだすものは何ですか。（一つ5点）

にじや（　　）、（　　）の空。

(2) 太陽の光には、どのような性質がありますか。（一つ5点）

空気のつぶに（　　）と、

四方八方に（　　）性質。

2 地球の大気の場合、光の散らばりやすさは、色によって、どのようにちがいますか。（一つ15点）

・青に近い光…（　　）

点

に近い色の光は散らばって、ほとんどなくなってしまいます。わたしたちの目に届くころには、最後に残った赤に近い光が散らばるようになって、赤く見えるのです。

（日下博幸『見えない大気を見る』くもん出版）

＊四方八方…あちらこちら。

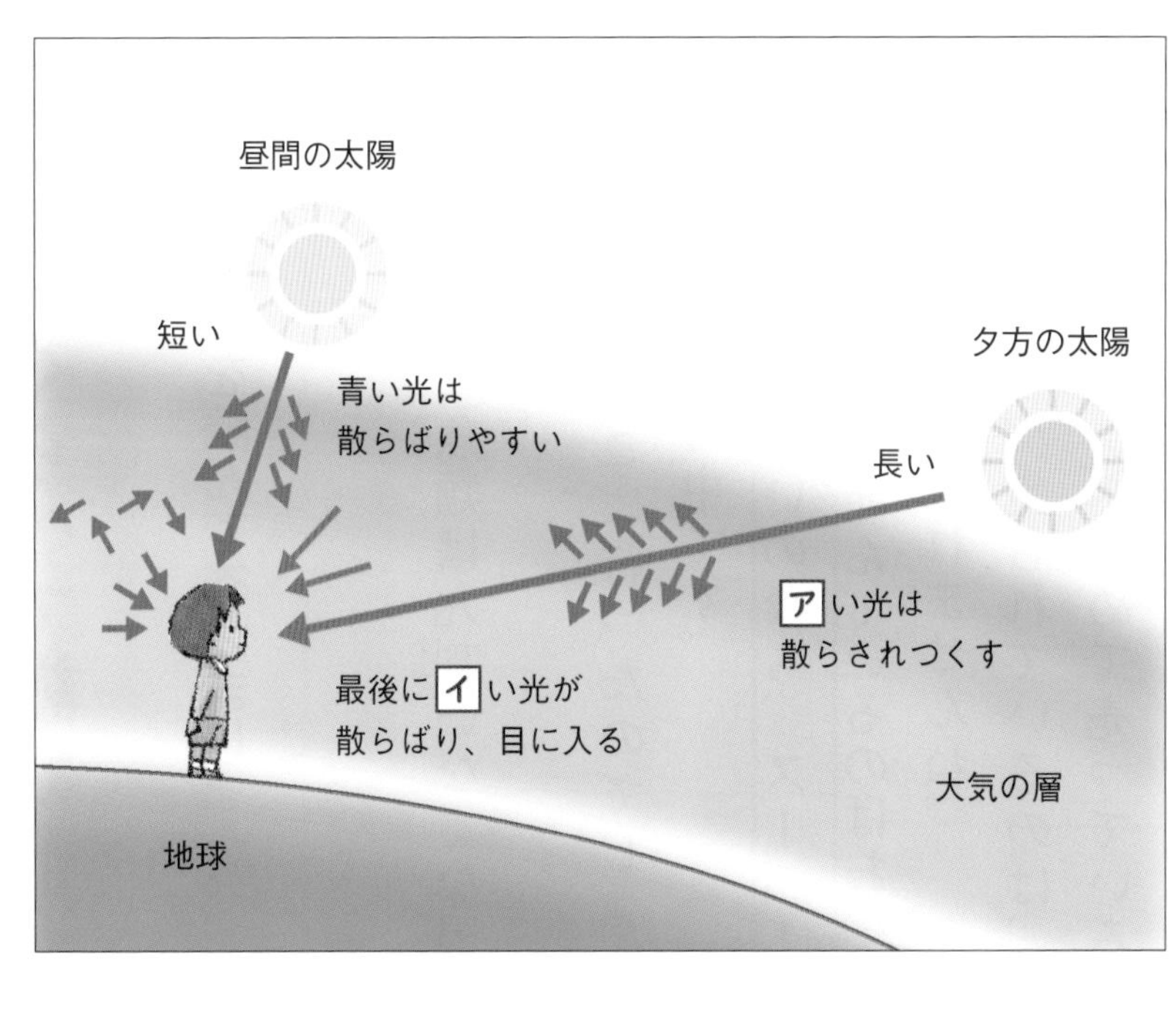

・赤に近い光…（　　　　　）

3 ②「夕焼けの空」について、図のア・イに合う言葉を漢字一字で書きましょう。（一つ10点）

ア…□　イ…□

文章から「散らされつくす」光と、「最後に」散らばる光をせつ明している部分をさがそう。

4 文章の内ようと合うものを一つえらんで、○をつけましょう。（30点）

ア（　）空気の層に太陽の光が入ってすぐに散らばるので、夕焼けの空は赤い。

イ（　）空気の層に太陽の光が入ってすぐに散らばるので、晴れた日の昼間の空は青い。

ウ（　）空気の層に太陽の光が入ってから散らばるまでの時間と、空の色は関係がない。

くらべて読む

◆ 次の【文章】と【図】を読んで答えましょう。

【文章】

この五十年間で、魚類は九割いなくなっているといわれています。

では、魚たちはどこに行ったのでしょうか。多くは私たちのお腹の中です。

「①そんなに魚がいないのなら、スーパーや回転ずしに、いっぱい魚が並んでいるのはおかしい」と思った人もいるかもしれませんね。

日本でたくさん魚が売られているのは、はん売業者が世界中からかき集めて売っているからです。その結果、「魚がたくさんとれるのに自分たちの口には入らず、ほとんど輸出してしまう」という貧しい国もあるのです。

また、サケだ、タイだ、ヒラメだと思って食べていた魚が、本当は全くちがう魚だということもあります。そうした魚を②代用魚といいます。

きほん ★★★

1

(1) ①――について答えましょう。(一つ15点)

魚はどのくらいいなくなっているのですか。

この（　　）年間で、

魚類は（　　）割いなくなっている。

(2) 魚がいなくなっているにもかかわらず、日本のスーパーなどで、たくさん魚が売られているのはなぜですか。(20点)

はん売業者が

（　　　　　　　　）

売っているから。

点

代用魚は、漁かく量が減ったり値段が高くなりすぎたり、手に入りにくくなった魚かい類の代わりに加工して使われます。

加工後の見た目や味が似ている、海外の魚や深海魚などが利用されているのです。ですから、「お店にたくさん並んでいるから魚は減ってない。大じょう夫」と、安心してもいられません。

（武本匡弘『海の中から地球を考える』汐文社）

【図】

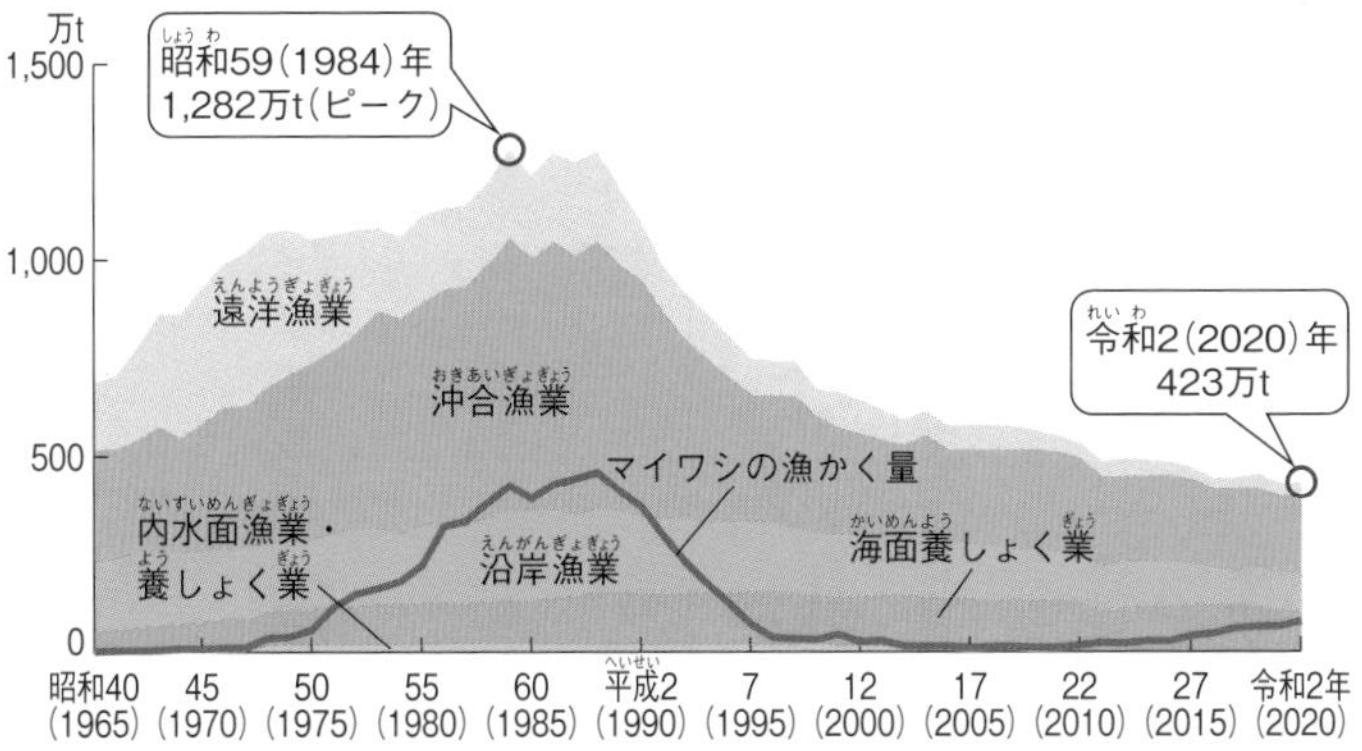

漁業・養しょく業の生産量の推移（水産庁）

2

② 「代用魚」とはどんな魚ですか。（一つ15点）

漁かく量が減ったり値段が高くなりすぎたり、（　　　　）なった魚かい類と、（　　　　）後の見た目や味が似ている魚。

3

【文章】と【図】の両方から分かることを一つえらんで、○をつけましょう。（20点）

ア（　）漁業にはいくつかの種類があること。

イ（　）代用魚には深海魚が使われていること。

ウ（　）とれる量が減っている魚がいること。

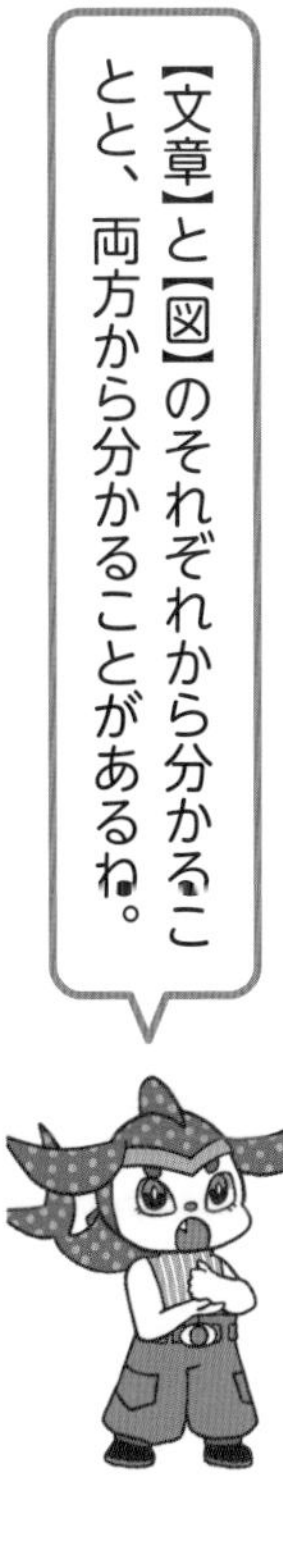

【文章】と【図】のそれぞれから分かることと、両方から分かることがあるね。

51 せつ明文

くらべて読む

練習 ★★★

点

◆次の二つの【しりょう】（図書室だより）を読んで答えましょう。

【しりょう１】

図書室をりようしよう

みなさんは、図書室をりようしていますか。

図書室には、①いろいろな本がたくさんあります。物語や絵本は約五百さつ、図かんやれきしの本は約四百さつあります。

「こんな本が読みたい！」というきぼうも受けつけています。

ぜひ、図書室に足を運んでみてください。

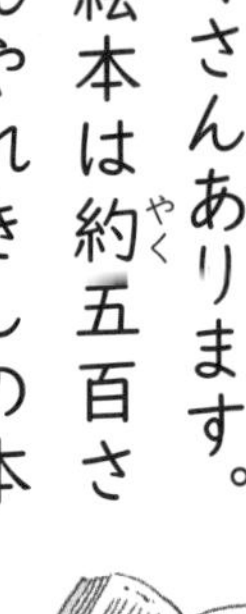

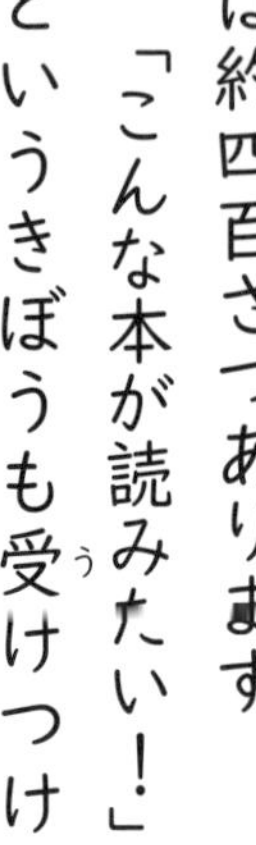
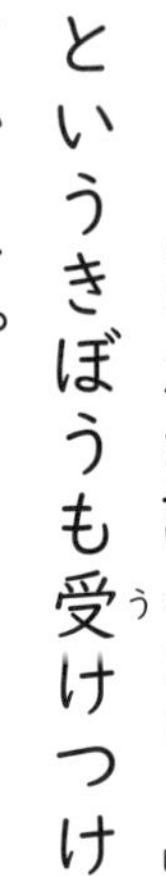
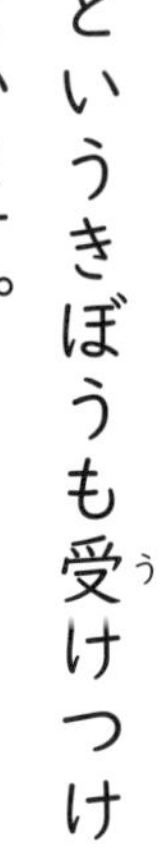
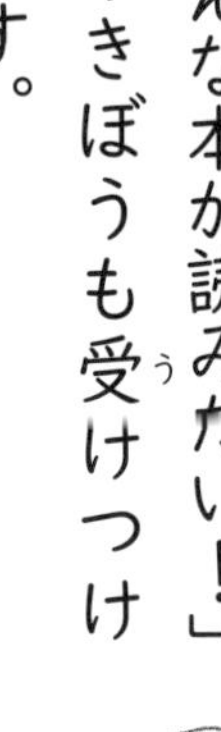

1 ①「いろいろな本」として、どのような本があげられていますか。（すべてできて15点）

〔　　〕〔　　〕

〔　　〕〔　　〕

2 【しりょう１】から、どのようなことが分かりますか。二つえらんで、○をつけましょう。（一つ15点）

ア（　）本が約九百さつあること。

イ（　）まんがの本が約四百さつあること。

ウ（　）本は一週間に五さつまでかりられること。

エ（　）読みたい本のきぼうを受けつけていること。

3 ②「これ」から分かることは何ですか。一つえらんで、○をつけましょう。（15点）

【しりょう2】

図書室をりようしよう

みなさんは、図書室をりようしていますか。

図書室は、いろいろなりようのしかたをすることができます。

下の表は、先月図書室に来た人に目てきを聞いたものです。

②これを見ると、本を読むだけでなく、調べ物をしに来た人や、勉強をしに来た人も多いことが分かります。

図書室に来た人の目てき

本を読む	10人
調べ物をする	7人
勉強する	5人

ぜひ、図書室に足を運んでみてください。

（書き下ろし）

ア（　）本を読むいがいの目てきで図書室をりようした人は、五人だけだったこと。

イ（　）本を読むいがいの目てきで図書室をりようした人が、十人いじょういること。

ウ（　）本を読むいがいの目てきで図書室をりようした人が、先月よりへっていること。

4 【しりょう1】【しりょう2】のちがうところは何ですか。次の文の［　］に合う言葉を、後の［　］からえらんで、記号で書きましょう。（一つ20点）

図書室のりようをよびかけるために、

【しりょう1】は［　　］を取り上げているが、

【しりょう2】は［　　］を取り上げているところ。

ア　りようの目てき　　イ　りようした人数

ウ　本のかしだし数　　エ　本のしゅるいと数

52 せつ明文

くらべて読む

練習 ★★★

点

◆次の【文章】と【図】を読んで答えましょう。

【文章】

コンビニやスーパーで発生する食品ロスは、私たち消費者には全く関係がないのでしょうか？

牛乳やヨーグルトなど、賞味期限の短いもの（低温殺きん牛乳は、より短い消費期限表示）を買うとき、手前に置いてある、日付の近づいたものから選んでいますか？　それとも、できる限り新しいものを取ろうとして、おくに手をのばして引っ張り出していますか？

八十八パーセントの人が新しい日付のものを取ろうとして、おくに手をのばして取ったことがあると答えました。

お店の人は、「先入れ先出し」といって、期限表示が近づいたものを手前に置き、順番にはけて（買われて）いくよう心がけています。

でも、おくから新しいのを引っ張り出すよう

1 【文章】は、何について書かれていますか。（一つ15点）

私たち（　　　）と（　　　）の関係について。

2 「おくから新しいのを引っ張り出すような買い方」の問題点はどんな点ですか。一つえらんで、○をつけましょう。（20点）

ア（　）期限表示の新しいものがどんどん売れ、食品が足りなくなってしまう点。

イ（　）手前にある期限表示の近いものが残り、捨てられる食品がふえてしまう点。

ウ（　）処分するのに手間がかかってしまう点。

な買い方をされたら、手前が残ってしまいます。
売れ残った食品は捨てられ、私たちの家庭から出るごみといっしょに焼きゃく処分されることがほとんどです。その処理費用はお店も負担しますが、私たちが市区町村に納めた税金も使われることになるのです。
買い物のとき、おくから新しい食品を取り出して買っていると、結局は自分たちの税金を使って売れ残った食品を処理することになってしまうのです。

（井出留美『SDGs時代の食べ方』筑摩書房）

【図】

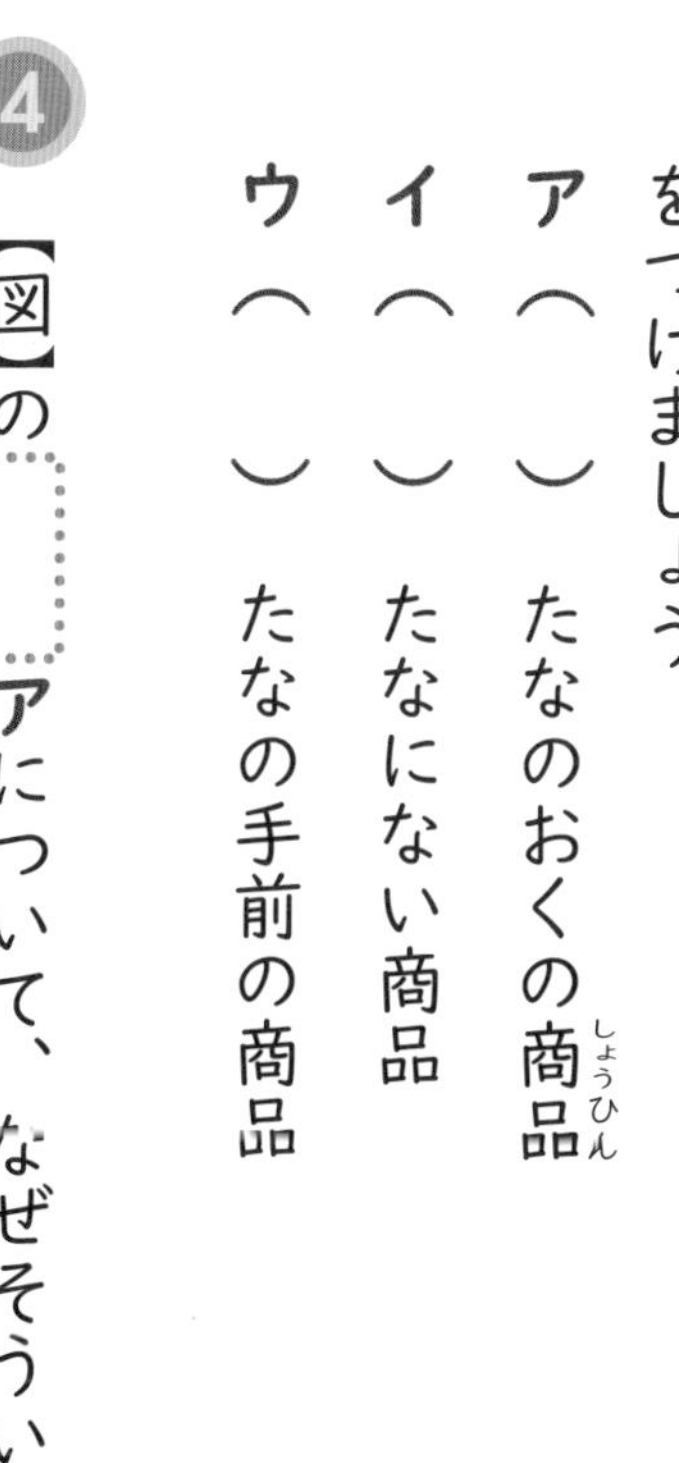

京都市　「てまえどり」啓発ポスター（令和3年9月）
＊　世帯…生活をともにしている人たちの集まり。

3 【図】の□に合う言葉を　つえらんで、○をつけましょう。（20点）

ア（　　）たなのおくの商品
イ（　　）たなにない商品
ウ（　　）たなの手前の商品

4 【図】の[ア]について、なぜそういえるのですか。【文章】を読んで書きましょう。（一つ15点）

家庭で食べ切ることができなかった食品の購入費に加え、売れ残った食品の（　　　　）費用には、店が負担するだけでなく、自分たちの（　　　　）も使われているから。

53 せつ明文

くらべて読む

おうよう ★★★

◆次の【文章】と【会話】を読んで答えましょう。

【文章】

「①ファストファッション」って聞いたことがある？「ファスト」とは「早い」という意味で、流行に合わせた服を安く大量につくってどんどん売るブランドや、そうやって服をつくるしくみのことだよ。お客さんはいろんな種類の服を安く買えるし、つくる会社ももうかるから、いいことみたいだけど、②じつは問題だらけなんだ。

たとえば服を安くつくるために*1と上国の人たちに少ししかお給料をはらわないから、その人たちはどれだけ働いても貧しいままだ。それから、安いからと服を山ほどつくって、まだ新しくても余ったらすてちゃうんだ。ファストファッションは、ゴミや*2CO_2をたくさん出すんだよ。

ある*3NGOの報告によると、二〇〇〇年以降

1 ①「ファストファッション」とはどのようなものですか。（20点）

流行に合わせた服を（　　　　）つくって売るブランドやしくみ。

2 ②「じつは問題だらけなんだ」とありますが、その内ようを表にまとめましょう。（一つ15点）

問題	原いん
服をつくっても、と上国の人たちは（　　　　）なこと。	服を安くつくるために、少ししか給料をはらわないから。
ゴミやCO_2を大量に出すこと。	（　　　　）

点

に盛んになったファストファッションのえいきょうで、人びとは二倍の服を買うようになり、一着の服を以前の半分の期間しか着ないようになったという。リサイクルされている割合もごく一部だ。このままじゃいけないよね？　日本のファッション業界でも、やっと対策を話し合うようになったんだよ。

（高橋真樹『こども気候変動アクション30』かもがわ出版）

＊1　と上国…けいざい発てんのと中にある国。
＊2　CO_2…二さん化炭そ。
＊3　NGO…金もうけを目てきとしない、せいふではない組しき。

【会話】

あやの：安い服にもいろいろな問題があるんだね。気をつけようと思ったよ。
こうた：ぼくたちにはどんなことができるだろう。
あやの：わたしは、買った服を［　］ように、大切に着ようと思ったよ。
こうた：ぼくは、着られなくなった服を人にゆずったり、別のものにつくりかえたりして、再利用できるようにしたいな。

3　【会話】の［　］に合う言葉を一つえらんで、○をつけましょう。（20点）

ア（　）高く売る
イ（　）長く着られる
ウ（　）きれいに着こなす

4　【文章】と【会話】を読んで、ファストファッションの問題に対して、あなたはどんなことに取り組みたいと思いましたか。考えて書きましょう。（30点）

表げん力

くらべて読む

◆次の【文章】と【しりょう】、【会話】を読んで答えましょう。

【文章】

日本と並んで森林率（国土にしめる森林の割合）の高いスウェーデンやフィンランドは、森林利用率（毎年成長する木の量に対して、切っている木の量の割合）が七割に達しているのに、日本は四割にすぎない。木を切るのは森林破かいと思うかもしれないが、そうではない。森林には天然林と人工林があって、人工林は適切な手入れをしないと森があれてしまう。木は再生可能な資源であり、この大切な資源をいかに管理して利用していくかは、日本がかかえる重大な課題なのだ。

（新美景子『自然と環境をまもるきまり』大月書店）

❶ 日本とスウェーデンやフィンランドの森林利用率について、【文章】に書かれていることを表にまとめましょう。（一つ15点）

森林利用率	
日本	（　）割にすぎない。
スウェーデンやフィンランド	（　）割に達している。

❷ 「日本がかかえる重大な課題」とは何ですか。（一つ10点）

再生可能な資源である（　）を、いかに（　）していくか、という課題。

【しりょう】

ア（森林の約６割）

自然に落ちた種や切り株から出た芽が成長してできた森林

里山林

炭や薪、肥料などを作るために木をきったり落葉を取ったりして、地域の人たちが利用してきた森林

奥地林

自然の力で長い期間をかけてできた森林

イ（森林の約４割）

人の手で苗木を植え育ててきた森林

生産林

木材を生産するためにスギやヒノキなどを植えて育ててきた森林

海岸林

強風や飛砂などから家などを守るためにマツなどを植えて育ててきた森林

農林水産省「ジュニア農林水産白書」（2021年版）より

【会話】

あみ：日本の森林利用率がひくいのは、どうしてなのかな。

先生：たとえば、森林にかかわる仕事をする人が少ないことがあげられるね。

あみ：どうしたらその仕事をしてくれる人がふえるのかな。

先生：国は、ぜい金でそのような人をしえんするせい度をつくるみたいだよ。

あみ：わたしたちにも何かできることはないのかな。

3 【しりょう】の［ア］・［イ］に合う言葉を、【文章】から書きぬきましょう。（一つ10点）

ア…〔　　　　〕

イ…〔　　　　〕

4 【文章】と【しりょう】、【会話】を読んで、森林利用率を上げるためにわたしたちができることを考えて書いてみましょう。（30点）

表げん力

〔　　　　〕

「利用する」とは、「役立つようにうまく使う」という意味だよ。森林の木をうまく使うためには何をしたらいいかな。本やパソコンなどで調べてもいいよ。

55 物語

たしかめテスト①

◆次の文章を読んで答えましょう。

〔のろのろひつじは、森をかこうと、画用紙に葉っぱを三枚ていねいにかいて、キッチンに行きました。〕

キッチンから、のろりのろり、もどってきたのろのろひつじは、びっくりして声をあげました。

「なにをしているの？」

「かいてみたんだ、葉っぱを」

「どうして？」

「画用紙を見ていたら、かきたくなったんだ。でも、うまくかけないよ」

①のろのろひつじは、がっかりしました。せっかく一枚ずつ、だいじにかいているとちゅうだったのに。どうして、かってに、かきたしたのだろう。②いまにもなきそうになりながら、のろのろひつじは、のろりのろりと、絵をながめました。

せかせかひつじは、わるいことをしてしまった、とおもいました。かってにかきくわえるなんて、ほんとうに、ひどいことをした、とおもいました。

1 ①「のろのろひつじは、がっかりしました」とありますが、なぜがっかりしたのですか。（一つ15点）

自分が一枚ずつだいじにかいていた〔　　〕を、〔　　〕がかってにかきたしたから。

2 ②「いまにもなきそうになりながら、〜絵をながめました」とありますが、このような様子を見たせかせかひつじは、どうしたのですか。（一つ15点）

〔　　〕とおもって、〔　　〕。

点

ごめんね、ごめんね。せかせかひつじは、そういって、あやまりました。

のろのろひつじは、なみだをこらえながら、絵をみつめました。せかせかひつじの葉っぱは、ほんとうにへただなあ、ひどいなあ、とおもいました。けれど、みているうちに、あることに気がつきました。あれ、森が、かんせいしている。

そうなのです。森は、かんせいしていました。せかせかひつじの葉っぱは、へただけれど、それでも、画用紙の上の森は、できあがっています。緑色にかがやいているのです。そうおもってみると、③のろのろひつじのこころは、すっきりして、すこしあかるくなりました。

「これを、かざろう」

「かざるの？　おこってないの？」

木でできた額を、小屋からだしてくると、のろのろひつじは絵をいれました。

（中りゃく）

おもったよりもいいね、とのろのろひつじがいいました。せかせかひつじは、うれしくなって、うなずきました。

（蜂飼　耳『のろのろひつじとせかせかひつじ』理論社）

3　③「のろのろひつじのこころは、すっきりして、すこしあかるくなりました」とありますが、なぜそうなったのですか。合うものを一つえらんで、〇をつけましょう。（10点）

ア（　）せかせかひつじがかいた葉っぱは、よく見るとじょうずだったから。

イ（　）せかせかひつじがこうかいしていることが、よく分かったから。

ウ（　）せかせかひつじがかいた葉っぱのおかげで、森の絵がかんせいしたから。

4　のろのろひつじの気持ちは、はじめと終わりでどのようにかわりましたか。（一つ15点）

せかせかひつじがかってに葉っぱをかいたので

（　　　　　　　　）けれど、

かんせいした絵を見て、

（　　　　　　　　）

たしかめテスト②

◆次の文章を読んで答えましょう。

今、古書の世界では、東日本大しん災という大きな災害があったことで、①個人所蔵の古書の重要性が、防災の点からも見直されています。昔の人のなにげない日記や、ちょっとした書きつけ（メモ）や手紙などから、どのぐらいの周期で大きな地しんが発生するかまで分せきできる例があるからです。

また、昔の人たちが大きな災害のたびに、どんな行動をとってきたかを知ることは、これからのわたしたちの生活にとって、役立つことでしょう。

古書の保存の分野では、古書に書かれた情報を半永久的に保存するために、デジタル画像の中に保存する、②デジタルデータ化も進められています。ところがデジタルデータでは、古書の紙がもつ手ざわりや重み、においなど、五感にうったえる質感は再現できません。データは、パソコンなどの

1 ①――とありますが、これはなぜですか。（一つ15点）

昔の人の書いたものから、どのぐらいの（　　）で大きな地しんが発生するかを（　　）できることがあるから。

2 ②「デジタルデータ化」の問題点は何ですか。合うものを一つえらんで、○をつけましょう。（20点）

ア（　）データのありかが分からなくなる点。

イ（　）古書のもつ質感を再現できない点。

ウ（　）きちょうな古書がすてられてしまう点。

機械を通してしか、見ることができないからです。
＊③金野さんは、古書の保存修復をしながら、紙の中にふくまれた記おくを、次の時代へのメッセージとして手わたしたいと考えています。
「紙に向きあっていると、その紙がいつ、どんな場所で生まれ、どんなふうに過ごしてきたかまで想像できるんです。たとえば、紙がすすをたくさんふくんでいるとすると、石炭を燃やした時代の、工業がさかんな地域に置かれた紙であることがわかります。ページのはしが手あかで黒くなっていたら、熱心に読まれた本であることがわかります。すでに治りょうされたあとがあれば、紙を大事に引きついできた人たちの思いを感じることができます。長い時間を生きのびてきた紙には、現在までの人々の記おくまで残されているのです」
金野さんの言葉から、わたしは、④紙がもつ「記おくをつなぐ力」をあらためて知ることができました。

（堀米薫『思い出をレスキューせよ！』くもん出版）

＊　金野さん…本を修復する仕事をしている金野聡子さん。

3　③「金野さん」は、紙に向きあっていると、どんなことができると言っていますか。（一つ10点）

その紙が生まれた時代や（　　　　）、

どんなふうに（　　　　）

を想像できる。

4　④「紙がもつ『記おくをつなぐ力』」とは、どのような力ですか。合うものを一つえらんで、○をつけましょう。（30点）

ア（　）その紙を作った人の思いや記おくを現在までつたえる力。

イ（　）その紙に書かれたさまざまな情報を半永久的に保存する力。

ウ（　）その紙ができてから現在までの人々の記おくを残す力。

たしかめテスト③

◆ 次の【詩】と【かんしょう文】を読んで答えましょう。

【詩】

蝶々　山村暮鳥

青空　①たかく
たかく
②どこまでも、どこまでも
舞いあがっていった蝶々
あの二つの蝶々
③あれっきり
もうかえってては来なかったか

1

①——と②——について、答えましょう。

(1) ①——と②——では、どのような表現のくふうがされていますか。合うものを一つえらんで、○をつけましょう。（20点）

ア（　）物事の様子を細かくせつ明している。

イ（　）同じ言葉をくり返している。

ウ（　）にたものの様子にたとえている。

(2) 【かんしょう文】では、(1)のくふうによって、どんなことが強調されていると書かれていますか。（一つ20点）

（　　）羽の蝶が、

（　　　　）こと。

【かんしょう文】

二羽の蝶が飛んでいってしまいました。「たかく、たかく」「どこまでも、どこまでも」とくり返すことで、とても遠くまで飛んでいってしまったことが強調されています。蝶が消えた後に残されているのは、とても広い青空だけです。今まで見えていたものが消えてしまった後に、心のなかにぽっかりと空いたさびしい気持ちが表現されています。飛んでいった蝶は、人間のたのしい気持ちや理想を表しているのかもしれません。

（坪内稔典 監修・田所弘基『絵といっしょに読む国語の絵本3 詩のえほん』くもん出版）

2 ③「あれっきり／もうかえっては来なかった」の部分からは、どんな気持ちが読み取れますか。【かんしょう文】をもとに考え、合うものを一つえらんで、○をつけましょう。（20点）

ア（　）どうして自分の前からいなくなってしまったのかと、くやしい気持ち。

イ（　）さっきまで見えていたものが見えなくなったことを、ふしぎに思う気持ち。

ウ（　）見えていたものが消えてしまった後の、さびしい気持ち。

3 【かんしょう文】の筆者は、飛んでいった二羽の蝶は何を表していると考えていますか。【かんしょう文】から十三字で書きぬきましょう。（20点）

58

せつ明文

たしかめテスト④

◆次の二つの【文章】を読んで答えましょう。

【文章Ⅰ】

地球は、太陽にあたためられ、一方で、地表からその熱を宇宙に放出している。地球の大気にふくまれる二酸化炭素(CO_2)やメタンなどは、地表からにげる熱を吸収し、吸収された熱の一部が地表にもどってくる。こうして、地球の大気は温室の中のようにあたたまる。このしくみを「①温室効果」、CO_2や メタン、水蒸気など、温室効果をもたらす気体を「温室効果ガス」という。温室効果のおかげで、地球の平均気温は約十四℃に保たれ、生物のすみやすいかん境となっていた(もし温室効果がなければマイナス十九℃になる)。しかし十八世紀後半の産業革命以来、大気中の温室効果ガスが増え、地表にもどってくる熱が多くなって、気温が上がっている。これが②地球温暖化だ。

❶ ①「温室効果」とはどんなしくみですか。(一つ10点)

地球の大気にふくまれる〔　　〕やメタンなどが、地表から〔　　〕熱を吸収し、吸収された熱の一部がまた地表にもどってきて、地球の大気が〔　　〕しくみ。

❷ ②「地球温暖化」とは何ですか。(一つ10点)

大気中の〔　　〕が増え、地表にもどってくる〔　　〕が多くなって、〔　　〕が上がっているげんしょう。

点

（新美景子・鈴木有子『リサイクルと環境のねだん』大月書店）

【文章2】

2020年10月、政府は2050年までに温室効果ガスの排出を全体としてゼロにする、③カーボンニュートラルを目指すことを宣言しました。

「排出を全体としてゼロ」というのは、二酸化炭素をはじめとする温室効果ガスの「排出量」から、植林、森林管理などによる「吸収量」を差し引いて、合計を実質的にゼロにすることを意味しています。

④カーボンニュートラルの達成のためには、温室効果ガスの排出量の削減並びに吸収作用の保全及び強化をする必要があります。

（環境省「カーボンニュートラルとは-脱炭素ポータル」より）

3 ③「カーボンニュートラル」とは何ですか。（一つ10点）

温室効果ガスの「（　　）」から、植林、森林管理などによる「（　　）」を差し引いて、合計を実質的に（　　）にすること。

4 ④「カーボンニュートラルの達成」を目指すのはなぜですか。【文章1】をふまえ、その理由を一つえらんで、〇をつけましょう。（10点）

ア（　）地球温暖化をかい決するため。

イ（　）宇宙に熱を送り、あたためるため。

ウ（　）生物のすみやすいかん境を整えるため。

いろいろな言葉をおぼえましょう。

物語

●せいかくを表す言葉

やさしい　はずかしがりや
しっかりした　がまん強い
よわむし　なきむし　心が広い
ねばり強い　気が小さい　自分勝手
弱気　強気　陽気　いさましい

●気持ちを表す言葉

はらを立てる　くやしい　悲しい
うれしい　さびしい　心配　安心
はずかしい　とまどう
ゆめのよう　待ち遠しい

詩・短歌・俳句

●きせつを表す言葉

春…ちょう　わらび　たねまき
夏…夕立ち　ふうりん　そうめん
秋…すすき　月夜　かき　虫の声
冬…こがらし　こたつ　雪　大根

せつ明文

●理由をせつ明する言葉

から　ので　ため

●文をつなぐ言葉

けれど　しかし　ところが
だから　または　それとも
たとえば　つまり　ところで

くもんの国語集中学習　小学３年生 文章読解にぐーんと強くなる

2024年 2 月　第1版第 1 刷発行
2024年 7 月　第1版第 2 刷発行

●発行人　泉田義則
●発行所　株式会社くもん出版
〒141-8488 東京都品川区東五反田 2-10-2 東五反田スクエア11F
電話　編集　03(6836)0317
　　　営業　03(6836)0305
　　　代表　03(6836)0301

●印刷・製本　株式会社精興社
●カバーデザイン　辻中浩一+村松亨修（ウフ）
●カバーイラスト　亀山鶴子

ISBN 978-4-7743-3542-1
落丁・乱丁はおとりかえいたします。

ＣＤ 57352

くもん出版ホームページアドレス　https://www.kumonshuppan.com/
くもん出版お客様係　info@kumonshuppan.com

●本文イラスト　深尾竜騎
●本文デザイン　岸野祐美（株式会社京田クリエーション）
●本文キャラクター　平井彩香（株式会社京田クリエーション）
●編集協力　株式会社あいげん社

小学3年生

文章読解にぐーんと強くなる

別冊 解答書

・（　）は、答えにあってもよいものです。

・〈　〉は、べつの答え方です。

・れいは、答えのれいをしめしています。

・答えといっしょに、かいせつも読みましょう。

・答えに文字数などの指定がない場合、習っていない漢字は、ひらがなで書いていても正かいです。

1 せつ明文 話題とせつ明をつかむ ――話題 きほん 4・5ページ

❶ しっぽ・短い
❷ (自分の)体にぴったり
❸ ウ ❹ イ

かいせつ

❶ 第一段落の「問い」の文から、話題を読み取ります。モグラについて、「なぜしっぽが短いのでしょうか?」と問いかけて、話題をしめしています。

❷ ――と同じ段落で、モグラは「感しょくを手がかりに生活している」ので、「自分の体にぴったりなトンネルをほ」るとせつ明されています。「見える」とは、ここでは体の毛がふれる感覚でまわりの様子が分かることを言っています。

❸ 「T字路にたどり着く前に、~どうするのでしょうか?」という「問い」のある段落に注目しましょう。

❹ 第五段落で、しっぽが長いと、後ろむきに速くにげるときにじゃまになるので、モグラのしっぽは短いのだとせつ明されています。

2 せつ明文 話題とせつ明をつかむ ――話題 練習 6・7ページ

❶ イ
❷ 新聞・図や写真、グラフ、地図など
❸ ウ
❹ 興味・写真・前文・世の中

かいせつ

❶ 文章の中でくり返し出てくる言葉や、くわしくせつ明されていることに注目しましょう。それが、この文章の話題です。

❷ ①「これら」とあるので、直前の文にその内容が書かれています。

❸ 3と4の段落は、新聞のよいところの二つ目をまとめています。4の段落に、「読みたい記事から読み進められ」ることが書かれているため、ウが正かいです。

❹ ②「これ」とあるので、直前の文章に注目します。新聞は「興味がない分野の記事でも、~読むことがあ」ること、「見出しを見たり、~ごく短時間に世の中を知ることもでき」ることが書かれています。

3 せつ明文 話題とせつ明をつかむ ―話題 おうよう 8・9ページ

① どうして・なにがかわる
② かたい・軽い
③ ア
④ くさらない・長く食べられる

かいせつ

① 「～だろう？」などで終わる「問い」の文に注目して、文章の話題をとらえましょう。

② イカについては第三段落、大根については第四段落でせつ明されています。

③ □の前の文では水分が多い食べものがくさってしまうことがせつ明されていて、後では「干して水分をぬく」と書かれています。前の文が後の文の理由になっているので、「だから」が入ります。

④ 干して水分をぬくことで、食べものをくさりにくくすることができ、それが、食べものを長く食べられるようにする工夫であることが第七段落に書かれています。

4 せつ明文 話題とせつ明をつかむ ―指ししめす言葉・つなぐ言葉 きほん 10・11ページ

① にがかったり　② ウ
③ (1)にがみ・あまく
(2)じゅくして・芽を出す

かいせつ

① 「その」とあるので、前の部分を見ます。①「そのとき」は、キュウリやレモンなどが「すっぱかったり、にがかったりする」ときを指します。

② ②「けれど」は、前の文と反対の内ようが書かれた文をつなぐ言葉です。文をつなぐ言葉が、どのような内ようの文をつなぐはたらきをするかをおさえておきましょう。

③ (1)③――のすぐ後の文で、「それは、～ことです。」とせつ明されています。
(2)「そのころ、」から始まる文に注目しましょう。「そのころ」は、にがみが消えたりして、もう食べてもいいサインが出るころのことです。

5 せつ明文 話題とせつ明をつかむ ―指ししめす言葉・つなぐ言葉 練習 12・13ページ

❶ は虫類・きょうりゅう・鳥
❷ イ　❸ おそわれる・木の上・小動物
❹ (1)ウ　(2)ア　(3)イ

かいせつ

❶ ①――の次の段落に書かれています。進化のじゅんに気をつけて、書きましょう。

❷ □の前後の文の内ようをくらべます。前の文では、「かつてはそう(＝トカゲやワニがきょうりゅうの生きのこりであると)考える学者もいました」、後の文では、「きょうりゅうの子孫は鳥だということが明らかになっています」とあり、ちがう内ようを言っているので、イが合います。

❸ ②――の直後の文に「さて、よかったわけはなんでしょう。」とあり、直後の段落で、二つの「わけ」がせつ明されています。

❹ ③――の直前の「これ」は、同じ段落の、「ほかのなかまより～受けつがれていくのです。」を指します。

6 せつ明文 話題とせつ明をつかむ ―指ししめす言葉・つなぐ言葉 練習 14・15ページ

❶ ウ　❷ 一文字目・ラ行
❸ ア
❹ (1)ルール〈きまり〉・ゆるい〈自由だ〉
(2)それまでな

かいせつ

❶ 文と文をつなぐ「たとえば」は、例をあげてせつ明するときに使われます。

❷ 「それ」などの指ししめす言葉は、直前を見ます。ここでは、「単語の一文字目の～という決まりがあった」ことを指します。

❸ 前後の内ようを見ます。前は、日本語に昔からある言葉の「単語を作る時の『音』についてのルール」が書かれ、後は、「このルールを守らない」ぎ音語・ぎたい語について書かれています。反対の内ようが書かれているので、アが正しいです。

❹ ぎ音語・ぎたい語について書かれた後半の三つの段落に注目します。

1 仕事・協力・結びつき・(いっしょに)働く
2 ア
3 気を配る・がんばる・心・体
※「心」「体」はじゅんじょがちがっても正かい。
4 イ

かいせつ

1 筆者は、これからの社会がどんなふうに変わっていくかについて、インターネット・SDGs・AIやロボットを取り上げ、第二～四段落でのべています。
2 □の前後の段落の内ようをおさえましょう。□の前の第四段落では、人間が、AIやロボットといっしょに働くことがふつうになったときに、人間にしかできないことが求められるとのべています。□の後の第五・六段落では、そのれいが書かれています。
3 第七段落に注目してとらえましょう。
4 第八・九の段落から読み取りましょう。

1 イ
2 自分の意見をちゃんということがとてもだいじ
3 いいたいこと・話のポイント・くり返して
4 [れい] 話を聞くときは、うなずきながら聞くといいと思います。理由は、話をしっかり聞いていることが、話している人につたわるからです。

かいせつ

1 □の前後の文を見ます。「だまっているほうがえらいと思ってい」たことは、「『スピーチ』(演説)というものがなかった」ことの理由になるので、「だから」が入ります。
2 ①――のすぐ前に「そこで」とあるので、その前に理由が書かれています。
3 ②「一分スピーチ」の話し方については、第四～七段落に書かれています。
4 話の内ようをきちんと聞き取るため、または話し手に話しやすいと感じてもらうためにどのようなことに注意するとよいかをそうぞうして書きましょう。

9 物語 内ようをつかむ ——場面・出来事 きほん 20・21ページ

❶ 友子・泣き声
❷ ⑴イ・ウ ⑵もどして
❸ ア

かいせつ

❶ ①——の前の部分に「もし友子が、～大きな泣き声をあげていなかったら、」とあるので、友子が大きな泣き声をあげたという出来事によって、モユちゃんは友子のうちに来たのだと分かります。

❷ ⑴モユちゃんは、「よろよろ歩き」をしていて、うしろ足にけがをしていました。
⑵モユちゃんをつかまえたおとうさんは、「たぬきの巣穴～へもどしてやろうと思った」とあります。

❸ 「友子のうちのひとになった」とは、友子や友子の家族といっしょにくらすようになったということです。つまり、モユちゃんが友子のうちでかわれるようになったということを表しています。

---

10 物語 内ようをつかむ ——場面・出来事 練習 22・23ページ

❶ ほうりだされて
❷ ち・しっぽ
❸ ウ
❹ ア・ウ

かいせつ

❶ ①——の次の文を見ると、自転車にのっていた男の子が、自転車が横だおしになったために、じゃり道にほうりだされたことが分かります。

❷ ②——のすぐ後の「しっぽであらってあげましょう。」という女の子の言葉から、きずをしっぽであらってあげようと思いついたことが分かります。

❸ ③——の次の文に、「これは子だぬきの『しっぽ』だ」とあることから、女の子は本当は子だぬきで、そのしっぽできずをあらっていたということに、男の子が気づいたことが分かります。

❹ ④——の次のまとまりから、きずをあらってくれたことへのおれいに、男の子が女の子にキャラメルをあげていっしょにたべたり、町で見たおもしろいはなしをしてあげたりしたことが読み取れます。

11 物語 内ようをつかむ ―場面・出来事

おうよう 24・25ページ

1 小ざかな・(赤い)リボン・ちびこ
2 ・ばあさんと…ウ　・じいさんと…ア
3 みじかいな　4 ばあさん・てっぽう

かいせつ

1 「子ぎつねは～こやまでついてきた。」の後の部分から読み取ります。「ちびこ」という名前をつけてやったことは、ばあさんの「もうちょっと～な、ちびこや」という言葉から分かります。

2 ――のすぐ後の二文から、子ぎつねが、ばあさんやじいさんとしたことをとらえましょう。

3 「みじかいなつのおわりのある日。」という文から、話の流れがかわることをおさえましょう。

4 前半では、子ぎつねが、じいさん、ばあさんといっしょに、なかよく平和にくらしている様子がえがかれています。後半では、ちびこがへいたいにてっぽうでうたれそうになるという、じけんの様子がえがかれています。

12 物語 内ようをつかむ ―気持ち・せいかく

きほん 26・27ページ

1 イ　2 ウ
3 味方・くやしさ
4 イ

かいせつ

1 マユミが「また、ケンちゃんがいたずらして、もちだしたのね」といっていることから、コンパスがなくなった理由を、ケンちゃんがいたずらして、もちだしたからだと考えていることが分かります。

2 マユミは「ぷりぷりして」いったとあるので、はらを立てている気持ちが読み取れます。

3 ②――の後に、「おかあさんは、いつだって、ケンちゃんの～むねがいっぱいになりました。」と書かれていることから考えましょう。

4 マユミは「なんでも、あたしのせいにする」といっていることから、はら立たしい気持ちのこもった声を表す「とがった」声だと分かります。

13 物語 内ようをつかむ ―気持ち・せいかく 練習 28・29ページ

❶ ギザ歯のオオグチ
❷ ウ　❸ イ　❹ ア

かいせつ

❶ ①――の直後の心の中のことばに注目すると、きっくんがつりあげた魚のふてぶてしさに、「ぼく」はきっくんが「ギザ歯のオオグチ」をつったのではないかと思ったことがわかります。

❷ ②――の直後の文に注目すると、魚がつれたときは、いいふらしたくてたまらない気持ちになることを、「ぼく」もよくわかっていることが読み取れます。

❸ 「ぼく」が気を落としていると、タケが「ぼく」はきっくんに負けているわけではない、ということをいってくれて、「ぼく」は元気を取りもどしたのです。

❹ 兄である「ぼく」がつりそうになった魚のほうがもっと大きかったということをいって自まんし「ぼく」の味方をしてくれるところに対して、「かわいい」と思ったのです。

14 物語 内ようをつかむ ―気持ち・せいかく 練習 30・31ページ

❶ 先生・さびしい　❷ イ・エ
❸ ㋐エ　㋑イ　❹ ア・エ

かいせつ

❶ 先生がウサギを育ててみるといって、ウサギをセーターのなかに入れたとたんに、「ぼく」のおなかが寒くなり、とてもさびしく思っていることから、そのために泣きたくなったのだと分かります。

❷ ――の直後の文に、「ぼく」がウサギを育てるのをあきらめた理由が二つ書かれています。

❸ ウサギのことを気にかけていることから、㋐には「心配」が当てはまります。ウサギがぶじであることを知り、「ぼく」に声をかけていることから、㋑には「安心」が当てはまります。

❹ ウサギを育てたいと思っていたことや、先生のおなかをさわれずにはずかしくてもぞもぞしてしまう様子から、「生き物がすきで、やさしい」「はずかしがりや」という「ぼく」のせいかくが分かります。

15 物語 内ようをつかむ —気持ち・せいかく

おうよう 32・33ページ

① イ
② うき島・ながされて
③ ウ
④ ルル…エ・イ　キキ…ウ・ア

かいせつ

① ①——は、血の気がひく様子を表します。直後の文に、ペンギンの島が見えないことが書かれています。大へんなことになってしまったと感じていることがわかります。

② ②——の直後の文に注目します。ルルたちののったうき島がとおくまでながされてしまったので、すぐにはかえれないことが、ルルにはわかってきたのです。

③ ルルは、自分もかえりたかったのですが、キキがなきだしてしまったので、はげまそうとしています。

④ ルルは、なきだしたキキをげんきづけようとしていることから、れいせいで、しっかりしたせいかくであることがわかります。キキは、ルルの言葉を聞いて、なみだが出るのをこらえていることから、がまん強いせいかくであることがわかります。

16 物語 内ようをつかむ —気持ち・せいかく

おうよう 34・35ページ

① イ
② いもむし・(とっても) かわいそう
③ やさしい・よわむし
④ れい (○) おもっていない。
はるのくんがないたのは、いもむしがかわいそうだったことが原いんだから。

かいせつ

① ①——の直後の文に注目しましょう。「はるのくん、すごく、いやな気もちになったかもしれない」と考えて、「ぼく」はしんぱいになりました。

② はるのくんは、かだんのところで、もうすぐちょうちょになるいもむしがたくさんつぶされていて、とてもかわいそうだったため、ないていました。

③ さい後の二つのまとまりにあるように、はるのくんの言葉をきいた「ぼく」は、たくさん考えて、はるのくんがないていたのは、やさしい気もちからであって、よわむしだからではないということがわかったのです。

④ あなたの考えと、文章から読み取れることをもとに理由が書けていれば正かいです。

ここまでに読んだ文章で、すきなものはあるかな？同じ人が書いた本や、同じものをせつ明している本などをさがして読んでみると、楽しいよ！

---

17 〈せつ明文〉段落と要点をつかむ ―要点 〈きほん〉

36・37ページ

① マヨネーズ・分かれてしまう〈分かれる〉

② マヨネーズ・卵

③ 油・水

④ イ

かいせつ

① 2の段落には、「これはなぜでしょうか。」という「問い」の文があります。「これ」は、直前の内ようを指しています。

② 3の段落に、「何がちがうでしょうか？　そう、卵です！」とあります。2の段落でしめされた材料を見比べてたしかめましょう。

③ 4・5の段落に注目してとらえましょう。

④ 2の段落でしめされていた問いに、5の段落で答えています。5の段落では、「マヨネーズは卵黄にふくまれる乳化ざいのおかげで、水(お酢)の中に、とても小さな油のつぶがたくさん散らばっている状態をたもつことができる」ということがせつ明されています。

18 せつ明文 段落と要点をつかむ ―要点 練習 38・39ページ

❶ イ
❷ 上がった・のがれて
❸ ア ❹ 5
❺ れい いつつ波がやってきてもひ害を受けないようにするため。

かいせつ

❶ 「問い」の文に注目して読み取りましょう。

❷ ――の前に、「この貝塚遺せきも、つ波のひ害からのがれていました」とあります。「この貝塚遺せき」は、「大船渡湾のおくのほうの、坂をわずかに上がったところにあ」る「大洞貝塚」のことを指しています。

❸❹❺ 4の段落では、「縄文人たちの集落が高台にあること」について、これまでいわれてきたことが書かれています。5の段落では、これまでいわれてきたこととはちがう筆者の考えが書かれています。「～といわれてきました」「～だろうと考えることもできるでしょう」といういい方に注意して読み取りましょう。

19 せつ明文 段落と要点をつかむ ―要点 おうよう 40・41ページ

❶ ウ ❷ 一番早くさく・南・北・四国
❸ 夏・中止〈お休み〉
❹ めざめ・寒さ〈低温〉 ❺ 7

かいせつ

❶ 3の段落では、「問い」の文で話題がしめされています。

❷ ①――の直後の文で、「それは、～ことです。」とせつ明されています。

❸ 5～7の段落に注目してとらえましょう。

❹ 6・7の段落で、花芽を休みんからめざめさせるには「寒さ(低温)」が必要なこと、南のあたたかいところでは、その寒さが少ないため休みんからめざめるのがおそくなることがせつ明されています。

❺ 「その答え」の「その」は、3の段落の「それは、～なぜでしょう?」という問いを指します。「九州の北や、四国」の桜が「一番早くさく」理由は、7の段落の「そのため」で始まる文の直前でまとめられています。

20 せつ明文 段落と要点をつかむ ―段落の関係 きほん

42・43ページ

①勉強・仕方なく

②・入るとき…おなか・心

※じゅんじょがちがっても正かい。

・入らないとき…頭

③[6]

かいせつ

①[2]・[3]の段落では、"だいたいスイッチ"が「オンになる」「入る」ときについて書かれています。それと反対に、[4]・[5]の段落では、「入らない」ときについて書かれています。「逆に」という言葉に注目して、段落の関係に注意しながら、内ようを読み取りましょう。

②[2]の段落で具体的にせつ明したことを、[3]の段落で言いかえてのべています。[4]の段落と[5]の段落の関係も同じです。

③筆者は[6]の段落で、「大切なのは、はらペコかどうかと、自分にとって『おいしそう』かどうかだ。」と、考えをまとめています。

21 せつ明文 段落と要点をつかむ ―段落の関係 練習

44・45ページ

①ニ ②ウ

③横にまっすぐのびている・地面・とがった・手

④ア

かいせつ

①[1]の段落に書かれています。

②[2]の段落でサイが「独特な口の形をしてい」ることが書いてあります。それを受け、[3]の段落ではシロサイの、[4]の段落ではクロサイのくちびるの特ちょうを、「一方で」という言葉を使ってくらべながらせつ明しています。

③[3]・[4]の段落の内ようをまとめます。

④[5]の段落の内ようをとらえます。はじめの文に、「シロサイは、世界にいるサイのなかで最も体が大きく、体長は四メートル、重さは三トンをこえることもあ」ると書いてあります。よって、アが正かいです。イは、「クロサイ」がちがいます。ウは、「クロサイの角」が「三メートル」というところがちがいます。

22　せつ明文　段落と要点をつかむ ―段落の関係　練習　46・47ページ

❶ (1)生きぬいて〈生きて〉
(2)トンボ〈アカトンボ〉・届かない
(3)ジャンプ・後ろ足・たぐりよせ

❷ 失敗・知え

❸ ア

かいせつ

❶ (1)[1]の段落で、「〜でしょうか？　その不思議を調べたい」と実験をする目的が書かれています。
(2)[2]・[3]の段落に、実験の方ほうが書かれています。
(3)[4]〜[6]の段落に、実験のけっかが書かれています。

❷ [7]の段落からとらえましょう。「この実験から、〜わかりました。」という一文があるので、この内ようをまとめます。

❸ この文章は、次のような組み立てになっています。
[1]…文章の話題
[2]〜[6]…話題についてのくわしいせつ明
[7]…まとめ

23　せつ明文　段落と要点をつかむ ―段落の関係　おうよう　48・49ページ

❶ うまみ・苦味・ふくざつ　❷ イ

❸ れい「好ききらいはだめ」といわれる

❹ 病気・食べられなくなる

❺ ウ

かいせつ

❶ [4]・[5]の段落から読み取りましょう。

❷ [　]の前の[5]の段落からいえることが、[6]の段落に書かれているので、「だから」が合います。

❸ [7]の段落の「子どもが『好ききらいはだめ』といわれるのは、」からとらえましょう。

❹ 「そんなとき」は、[9]・[10]の段落の内ようを指しています。

❺ [1]・[2]の段落でしめされた話題について、[7]〜[11]の段落でくわしくせつ明し、その内ようを[12]の段落でまとめています。

① 古くから多くの人に親しまれている
② 言葉のもつ・回文になっ
③ イ
④ れい 作るもの…回文　作ったもの…せみのきのみせ(セミの木の店)

かいせつ

① ①――の直後の文でせつ明されています。

② 「楽しさ」という言葉に注目してさがします。

③ ①の段落は「～でしょうか」という「問い」の文があるため、話題をしめす段落だと分かります。②・③の段落はそれぞれ、言葉遊びのれいとして「しゃれ」と「回文」をあげてせつ明しています。④の段落は「このように」から始まっているため、まとめの段落だと分かります。

④ えらんだ言葉遊びの内ように合ったものを考えて書けていれば正かいです。

せつ明文を読んで、もっと知りたいと思うことがあったら、本やインターネットを使って調べてみよう！調べたことを文章にまとめてみてもいいね！

25 物語 全体をつかむ ―場面・気持ちのへん化 きほん 52・53ページ

① ウ ② イ

③ (1) 二、三十・(茶色の)ザリガニ

(2) れい たった一ぴきの、自分のザリガニをはずかしく思う気持ち。

かいせつ

① ふさ子がザリガニをよろこんでくれたので、あゆむは気をよくして、がんばってつかまえたものであることをみとめてもらいたい気持ちになりました。

② つかまえたときのことを話しながら、あゆむは「とくいになった」と書かれています。

③ (1)しげおがもってきたふくろの中に、二、三十ぴきのザリガニが入っていたので、ふさ子たちだけでなく、あゆむもびっくりしました。

(2)しげおが、二、三十ぴきのザリガニをもってきたことをきっかけに、それまでザリガニをもってきたことをとくいに思っていたあゆむは、たった一ぴきのザリガニしかもってこなかったことがはずかしくなりました。

26 物語 全体をつかむ ―場面・気持ちのへん化 練習 54・55ページ

① よばれた・たんじょう日 ② イ

③ ぼくはね、〜てあげる。 ④ ウ

かいせつ

① 子どもとりゅうのやりとりに注目します。「まだ、だれからも、〜。」「だから、ぼく、いっぺん〜たくさんあるよ。」ということばからとらえましょう。

② だれからもよばれたことのないりゅうが、子どもからたんじょう日によばれてとまどう様子が、①――の直前の「まごまごしながら」ということばから分かります。

③ 文章のさい後のほうのりゅうのことばから、りゅうがきらわれてきたことが分かります。そんなりゅうが、子どもから、どんなことばをいわれて、おだやかでやさしい気持ちになったのかを考えます。

④ ③――の前の、「ああ、ありがとう。〜。」「これまで、わしは、〜にくまれどおしできたのだよ。」というりゅうのことばから、子どもに出会って、りゅうの気持ちがどうへん化したかをとらえます。

27 物語 全体をつかむ ―場面・気持ちのへん化

おうよう 56・57ページ

① ア　② ながれ・ヘトヘト
③ 足ひれ　④ イ・ウ・ア

かいせつ

① 「まるで水泳選手になったような気分」というたとえに注目します。水泳選手のようにすいすいと、気持ちよく泳いでいる様子を表しています。

② ②――があるまとまりと、その前のまとまりに、「ぼく」が浜から遠ざかったところからどのように砂浜にたどりついたのかが書かれています。

③ ③――の前の二文に注目します。足ひれが片方ないことに気づいてさがしたけれど見つからず、気分がおちこんでしまったのです。

④ さいしょは気分よく泳いでいたのにながされてしまい、たいへんな思いをして砂浜にもどってきた「ぼく」は、父さんにどなられ、足ひれの片方もなくしてしまい、気持ちがどんどんしずんでいます。

28 物語 全体をつかむ ―あらすじ

きほん 58・59ページ

① タツオ（くん）・紙
② ザンカ
③ （いたずら）コロボックル・すうっと
④ ザンカが、タツオにつくり方を教えた。・サザンとザンカがのって、庭の野菊の花までとんでいった。

かいせつ

① サザンは、紙の飛行機をつくっているタツオを見ています。タツオがうまくつくれていないので、じれったくなっています。

② 「ようし、ぼく、タツオくんに教えてきてあげる。」という言葉の後に注目します。双子の弟のザンカがつくり方を教えたことが分かります。

③ さい後の二つのまとまりをよく読みましょう。

④ 登場人物の行動や言葉に注目して、だれが何をしたのかを読み取りながら、お話がどのように進んでいるのかをとらえましょう。

29 物語 全体をつかむ ―あらすじ 練習 60・61ページ

❶ 大きなつけもの石・お米のふくろ
❷ はたらくこと
❸ れい おばあちゃんの仕事をてつだってあげること。
❹ イ・ウ

かいせつ

❶ ①――の前のまとまりに注目しましょう。
❷ 「体にしみついてしまったから、」で始まるまとまりの、「ぼく」の心の中の言葉をよく読みましょう。
❸ ③――の後に、「ぼくはペチンとひざをたたいた」とあります。これは、何かを思いついたときの様子なので、その後の文に注目します。
❹ 文章に書かれているおばあちゃんの行動や様子から、おばあちゃんが「はたらき者」であることが分かります。お母さんの言葉をきっかけに、「ぼく」は、おばあちゃんをてつだおうと考えました。

30 物語 全体をつかむ ―あらすじ 練習 62・63ページ

❶ 夏休み・水　❷ イ　❸ アヤコ
❹ れい ジュンがもってきた、りっぱなコスモスの花をみて、じぶんのコスモスの花をかくした。

かいせつ

❶ タカシがアヤコにコスモスの花たばを見せて、「ぼくがさかせたんだよ。～水をやったんだ」とせつ明した言葉をよく読みましょう。
❷ ジュンのコスモスは「いろとりどり」で、「花が大きく」、「かずも三ばいはありそう」だったので、はずかしくて、出せなくなったのです。
❸ ②――の三つあとのまとまりに、「うしろに、アヤコの顔がみえました。」とあります。このことから、アヤコが先生にタカシのコスモスのことを教えたのだとタカシが思ったことがわかります。
❹ （　）には、教室にはいったタカシがみたものと、それをみたタカシの行動がはいります。「ジュン」「かくした」という言葉を使って書けていれば、正かいです。

31 物語 全体をつかむ ―あらすじ

おうよう 64・65ページ

① さびしい・くらしたい
② イ・ウ
③ れい うれしい気持ち
④ イ・ウ・ア

かいせつ

① ①――の直前のおにの言葉から読み取ります。「さびしゅうてならん」は「さびしくてならない」ということです。

② ②――のりょうしの言葉の前に、「ここでおにをおこらせてはおおごとじゃ」とあります。また、言葉の後に、「いくらなんでも、おにが島をもってはこないだろう」とあることにも注目して、気持ちをとらえます。

③ おにには、「ほんまにええことおしえてもろた」といっています。りょうしたちといっしょにくらすにはどうすればよいかが分かり、うれしくなって、「にかっと、きばをむきだし」たのです。

④ おにからなんとかのがれたいと思っているりょうしの行動や言葉に対して、おにがどうしているかをじゅんにとらえて、表にまとめると、あらすじが分かります。

32 物語 全体をつかむ ―あらすじ

おうよう 66・67ページ

① しも・おひゃくしょうさん
② イ
③ れい ねずみくんはなみだが止まらなかったが、はくさいくんのはちまきを見つけ、それを頭にしばって、「負けんぞ！」と大きな声で言った。
④ れい はくさいくんがいないさびしさに負けずに、元気に生きていこうという気持ち。

かいせつ

① ねずみくんの問いかけに答えているはくさいくんの言葉に注目します。

② 「気がかり」とは「心配」という意味なので、後の部分の、「～心配だった。」という文に注目します。

③ はくさいくんのはちまきを頭にまき、「負けんぞ！」と言ったことが書けていれば正かいです。

④ はくさいくんはいなくなったけれど、そのはちまきをまいて、「負けんぞ！」と言っているねずみくんの気持ちを想ぞうして書きましょう。

33 せつ明文 文章の全体をつかむ ——事実と考え　きほん　68・69ページ

❶ 雪と氷

❷ 雪〈雪や氷〉・あたためてとかして

❸ 自分・スイッチ

❹ ア

かいせつ

❶ 第一段落のさいしょの文から読み取りましょう。

❷ 第一段落で、「毎日二回、水をつくっていました。『雪とり！』と号令がかかると、雪を集めて運びます。大きな水そうに入れて、あたためてとかして水にします。」と、くわしくせつ明されています。

❸ 第一段落と第二段落で南極のくらしについて、第三段落で日本のくらしについて、「水」「電気」を取り上げてせつ明しています。

❹ 筆者は、第一～第三段落で、南極と日本のくらしについての事実をあげてせつ明したうえで、「ものは大切にしなくては」という考えをまとめています。事実と筆者の考えを分けて読み取りましょう。

34 せつ明文 文章の全体をつかむ ——事実と考え　練習　70・71ページ

❶ まきや炭・石炭や水力・石油

❷ 人の手・放き

❸ (1)ブナの原生林　(2)こう水・土砂くずれ

※(2)はじゅんじょがちがっても正かい。

❹ 現在、全国

かいせつ

❶ ①——の前の段落の内ようを、エネルギーのへんかに注意しながらまとめます。

❷ ①——の後の部分からまとめます。

❸ (1)②——の後の段落で、「ブナの原生林」が「きりたおされ」たことが書かれています。このことを、その後の段落で「『緑のダム』をこわしたこと」といいかえています。

(2)「『緑のダム』をこわしたことで、」より後の内ようが、「ひどく乱暴なこと」を行ったけっかです。

❹ さい後の段落で、筆者は、「現在、全国でわずかしか残っていないブナ林は、本当に本当に貴重なもの」だと書いていています。「貴重」とは、筆者の考えです。

35 せつ明文 文章の全体をつかむ —事実と考え おうよう

72・73ページ

1 平和・いのち

2 (1)あだ討ち (2)新たなあだ討ちの理由

3 理性・感情・ゆるす〈「ゆるし」〉

4 ・出来事…れい 友だちに借りた本をよごしてしまい、あやまってゆるしてもらったこと。

・感じたこと…れい 二度としないように気をつけようと反せいした。ゆるしてもらえてほっとした。

かいせつ

1 第一段落に注目してとらえましょう。

2 第二段落で、「江戸時代」の『あだ討ち』という制度」をれいにあげてせつ明しています。

3 第三、四段落で、筆者の考えがのべられています。「わたしがきみたちに持ってほしいのは、～ゆるすという大きなこころ」「理性の力を借りて、感情にストップをかけることも必要」とあります。

4 自分のけいけんをもとに書けていれば正かいです。

36 せつ明文 文章の全体をつかむ —要約する きほん

74・75ページ

1 プラスチックでできた船・レジぶくろ・ストロー

※じゅんじょがちがっても正かい。

2 五ミリメートル・プラスチックごみ

3 ア

かいせつ

1 ①——と同じ段落の二文目に書かれています。

2 ②——の直前に、「これ」という指ししめす言葉があるので、さらに前の部分を見ます。②——の一つ前の文から、「マイクロプラスチック」がどのようなものかが読み取れます。

3 この文章の話題は「マイクロプラスチック」で、文章の「終わり」の部分では、マイクロプラスチックがさまざまな生き物の体内に広まっている可能性があることが書かれています。よって、アが正かいです。イは第二段落、ウは第三段落に書かれている内ようですが、文章全体の要約になっていません。

37 せつ明文 文章の全体をつかむ ―要約する 練習 76・77ページ

❶ イ
❷ 働いてお金をもらう仕事
❸ れいお金をもらわない
❹ ア
❺ イ

かいせつ

❷❸ 第三・四段落では、「お金をもらう仕事」（＝職業）について、第五段落では、お金を「もらわない仕事」について書かれています。

❹ □の前の段落では「自分だけの力で生きる」、後では「手分けして～つながりあってい」るという反対の内ようが書かれているので、「でも」が合います。

❺ 第二段落に、「人が働く理由の一つは、お金をえること」、さい後の段落に、「人が働くのは、そのつながりあいに参加するため」とあります。この内ようを要約しているのはイです。

38 せつ明文 文章の全体をつかむ ―要約する 練習 78・79ページ

❶ 1　❷ どこかでば
❸ ア
❹ むきあい・ひらいていく
❺ 自分探しの旅・新しい自分を発見

かいせつ

❷ 同じ段落に、①――と同じ「～ではなく、～です。」という形の文があることに注目しましょう。

❸ □の前の2の段落には「自分から本に近づいていくことが必要」、後には「読書は自分からの働きかけが必要」とあります。前の内ようから予想される内ようが後につづいているので、「ですから」が合います。

❹ ②――の直前に、「いままでの考え方、見方、生き方などについてふり返り、自分の心とむきあい、自分の心をひらいていくとき」とある部分に注目します。

❺ 1の段落でしめした話題について、2～5の段落でせつ明し、6の段落でまとめています。

39 せつ明文 文章の全体をつかむ ―要約する 〈おうよう〉 80・81ページ

❶ 風・水・熱・（ずっと）昔
※「風」「水」はじゅんじょがちがっても正かい。
❷ ウ
❸ ためて・限界・かん境問題
❹ (1)ウ (2)オ (3)イ (4)ア

かいせつ

❶ 第一段落から読み取りましょう。

❷ □の前後の文に注目します。後の文が前の「再生可能エネルギー」のれいをしめしているので、「たとえば」が合います。

❸ 第二段落で、再生可能エネルギーと化石燃料のそれぞれの問題点があげられています。

❹ さい後の段落でのべられている再生可能エネルギーの長所を中心に、文章全体を要約しましょう。「自然の力を利用して作る」ことは第一段落から、「化石燃料に代わる資源だと注目されている」ことは第二段落から読み取ることができます。

40 せつ明文 文章の全体をつかむ ―要約する 〈おうよう〉 82・83ページ

❶ ウ ❷ かたく・うもれて
❸ ていこう〈まさつ〉・（すこしでも）はやく泳ぐ
❹ 皮ふ・病気
❺ (1)れい すこしでもはやく泳げる
(2)れい きずつけない〈素手でさわらない〉

かいせつ

❶ 第一段落から読み取りましょう。

❷ 第三・四段落で、クロマグロの頭の部分についてせつ明しています。

❸ 第二段落に「すこしでも水のていこうをへらしてはやく泳ぐため」、第三段落に「まさつを少なくして、すこしでもはやく泳げるように」とあります。

❹ ――のすぐ後で、「なぜかというと」と理由をせつ明しています。

❺ ❶～❹でおさえたことをもとに、文章の中心となる内ようをまとめましょう。

41 ずい筆 言葉を味わう きほん 84・85ページ

1 小学三年生・歯医者（さん） 2 ウ
3 勇気・注意深さ
※じゅんじょがちがっても正かい。
4 ウ

かいせつ

1 小学三年生の時の筆者が、初めて一人でバスに乗って歯医者さんに行く時にどんな体験をしたかは、二～五つ目のまとまりの内ようからわかります。

2 □の次のまとまりに書かれている内ようから、筆者が自力でがんばって歯医者さんに着くことができたことがわかります。

3 ――と同じまとまりのさい後の、「冒険が、～をプレゼントしてくれました。」という文に注目して読み取ります。

4 さい後のまとまりの、「失敗した時ほど～進みましょう。」という部分に、筆者の言いたいことが書かれています。

42 ずい筆 言葉を味わう 練習 86・87ページ

1 本・インターネット
※じゅんじょがちがっても正かい。
2 ・世界じゅう～なっている
・植物や動物～まっている
※じゅんじょがちがっても正かい。
3 イ 4 ア

かいせつ

1 二つ目のまとまりのさいしょの「そうすると」の「そう」は、動物園である動物を見て、その動物に興味がわき、すきになることを指します。

3 さいしょのまとまりに、〝動物園は野生へのまど〟という、にたような表げんがあることに注目します。

4 さい後のまとまりの「動物をとおして～考えたりする第一歩になればいい」が、筆者のつたえたいことです。「そういうこと」は2でとらえたことを指しています。

43 ずい筆 言葉を味わう おうよう 88・89ページ

❶ 晴れて・雨が降る
❷ れい 空をみるだけで天気をいいあてるところ。
❸ 運転手さん
❹ イ

かいせつ

❶ ①――の直前の、運転手さんと「私」とのやりとりに注目します。「私」が感じていることとはちがうことを運転手さんがいったので、おどろいたのです。

❷ ②――の直前の部分に注目します。「空をみるだけで天気をいいあてるなんて」とあります。

❸ 子どものころの運転手さんとおじいさんの話をきいて、「私」は空をみあげている老人と小さい男の子の様子を思いうかべたので、「小さい男の子」は運転手さんのことです。

❹ ④――の次の文に「～からです」と、理由が書かれています。空をみあげて天気予測をするというのは、自ぜんと直せつふれ合うことだと考えられます。

ずい筆の読み方

ずい筆を読むときには、筆者の体けん・事れいと感想・意見に注目しましょう。

れい 88・89ページ
【文章】あまんきみこ『空の絵本』
・筆者の体けん・事れい
…晴れた日に、タクシーの運転手さんから雨が降るといわれる。
…空をみるだけで天気をあてられる、運転手さんのおじいさんの話をきく。
・感想・意見
…どきっとする。
…天気予測をするため空をみあげるという、原始的で豊かな時間を失っていることに気がつく。

筆者が事れいをふまえて、どんなことをのべているのかをしっかり読み分けよう。

44 詩・短歌・俳句 言葉を味わう きほん 90・91ページ

❶ あしあと　❷ イ
❸ ぶどうのように　❹ ①エ　②ア

かいせつ

❶ 詩の題名にも注目しましょう。つたの葉っぱに秋のあしあとがのこっていたり、いわし雲に風のあしあとがのこっていたりすることを表しています。

❷ この詩の「あしあと」とは、〝何かがのこしたしるしやあと〟ということを表しています。「わたしのなかに／つづいてる」ものとは、「私」が今までにやってきたことだと考えられます。

❸ 四つのまとまりの一行目で、同じ言葉がくり返されています。

❹ ①は、ぶどうの実がいくつもかたまってぶどうのふさになっている様子から考えます。②は、ぶどうに、分かち合うことによってひとりひとりによろこびがつたわっていくせいしつがあることから考えます。

---

45 詩・短歌・俳句 言葉を味わう きほん 92・93ページ

❶ 緑・赤　❷ 氷・三日月
❸ (1)③冬・木枯　④秋・すすき
(2)③　(3)はらり

かいせつ

❶ (意味)に、「草のわかばの緑の中」「削った色鉛筆の赤い粉」とあります。このように、自ぜんの「緑」と人工てきな「赤」の取り合わせがいんしょうてきな短歌です。

❷ 湖の氷が解けて、春先になっていますが、まだ寒さがつづいているという様子をうたった短歌です。湖面にうつり波にゆれている三日月のするどい形に、寒さをいっそう強く感じていることが分かります。

❸ (1)③「木枯」は冬のはじめにふく強い北風、④「すすき」は月見のおそなえなどに使う秋の植物です。
(2)人間ではない「木枯」に、「帰る」という人間の動作を表す言葉を使っています。
(3)「はらり」は、おりとったすすきの重みを表しています。

46 詩・短歌・俳句 言葉を味わう 練習 94・95ページ

❶ イ ❷ ヨット ❸ ウ
❹ ・東…かぎろひ(い) ・西…月
❺ イ

かいせつ

❶❷ 蝶の羽を「ヨットのようだ」としているので、蝶の羽をヨットに、その下にある土を海にたとえていることが分かります。

❸ 土の上を蟻が蝶の羽をひっぱっていく様子を、ヨットが海の上を進む様子にたとえている詩であることをおさえましょう。

❹ (意味)を見ると、「かぎろひ(い)」は、夜明けの太陽の光であることが分かります。東の空に太陽を見た作者は、そのまま西をふり返って月を見た、ということがうたわれています。

❺ 力の弱いやせたかえるに、作者の一茶が、味方のように、「一茶がここについているぞ」と声をかけてはげましている様子がえがかれています。

47 詩とかんしょう文 言葉を味わう 練習 96・97ページ

❶ イ
❷ ウ
❸ (1)ウ
(2)友情・やさしさ
※じゅんじょがちがっても正かい。

かいせつ

❶ 「恐しい夢のなかに」人間がいるというのは、動物にとって人間がこわいものだということを表しています。

❷ 「人間の自分勝手な暮らし方」が、動物たちの生活をどうしてしまうのかを考えます。「おびやかす」は、「こわがらせる。きけんなじょうたいにする」という意味です。

❸ (1) ②——の次の文に、「動物を愛しましょう」ということばに対する筆者の考えが書かれています。
(2)さい後の文に、「それは、〜からです。」と理由がせつ明されています。

48 短歌・俳句とかんしょう文 言葉を味わう おうよう 98・99ページ

1 春・子どもたち・手まり
2 幸せ・ゆったり
3 飛べない雀〜いるようす
4 あわてる雀
5 れいどこに向かって・にげようか

かいせつ

1 【かんしょう文】の一文目に、この短歌にえがかれている内ようが書かれています。

2 【かんしょう文】のさい後の文に、筆者がこの短歌を読んで感じたことが書かれています。

3 「むら雀」とは、「むれをなしている雀」という意味なので、数羽の雀が草の葉のかげにいることをとらえましょう。

5 「夕だちや〜」の俳句の形をかりて、自由に俳句を作ります。小さい「っ」がつく場合は二音、小さい「や・ゆ・よ」がつく場合は一音、のばす音は二音に数えることをおぼえておくとよいでしょう。

49 せつ明文 くらべて読む きほん 100・101ページ

1 (1)青空・夕焼け (2)ぶつかる・散らばる
2 ・青に近い光…散らばりやすい
・赤に近い光…散らばりにくい
3 ア…青 イ…赤
4 イ

かいせつ

1 (2)①――の次の段落に、「太陽の光には、〜という性質があります。」とあるので、そこから読み取ります。

2 第二段落から読み取りましょう。

3 図を見ながら、第四段落の内ようを読み取りましょう。アは、「青に近い色の光は〜なくなってしまいます」、イは、「最後に残った〜散らばる」というせつ明をもとに考えましょう。

4 第三段落に「晴れた日の昼間の空が青いのは、太陽の光が空気の層(大気けん)にとつ入してすぐに、青に近い色が散らばるから」とあります。この内ようと合っているイが正かいです。

50 せつ明文 くらべて読む きほん 102・103ページ

❶ (1) 五十・九
(2) 世界中からかき集めて

❷ 手に入りにくく・加工

❸ ウ

かいせつ

❶ (1) 第一段落で、具体的な数をあげています。

❷ ②――の後から読み取れます。「代用」とは、「代わりに使う」という意味です。

❸ アは、【図】に「遠洋漁業」「沖合漁業」などの漁業の種類がしめされていますが、【文章】には書かれていません。イは、【文章】の第七段落に「海外の魚や深海魚などが利用されている」と書かれていますが、【図】にはしめされていません。ウは、【文章】の第六段落に「漁かく量が減った」とあります。また、【図】からも魚のとれる量が減っていることが分かります。両方から分かるので、ウが正かいです。

51 せつ明文 くらべて読む 練習 104・105ページ

❶ 物語・絵本・図かん・れきしの本

❷ ア・エ ❸ イ

❹ エ・ア

かいせつ

❷ 「二つえらんで」とあることに注意しましょう。「物語や絵本は約五百さつ、図かんやれきしの本は約四百さつ」、「『こんな本が読みたい！』というきぼうも受けつけています」とあることから、ア・エが正かいです。

❸ ②「これ」は、「図書室に来た人の目てき」の表を指しています。表から、「本を読むいがいの目てきで図書室をりようした人」は合わせて十二人いることが分かるので、イが正かいです。

❹ 【しりょう1】では、本のしゅるいと数をしめして、図書室のりようをすすめています。【しりょう2】では、図書室に来る目てきが本を読むことだけではないことをしめして、りようをすすめています。

52 せつ明文 くらべて読む 練習 106・107ページ

❶ 消費者・食品ロス
❷ イ ❸ ウ
❹ 処理・税金

かいせつ

❷ ――の直後に「手前が残ってしまいます」とあることから、イが正かいです。

❸ 【図】に、大きく「てまえどり!」とあることからも分かるように、食品ロスを減らすために、食品のたなの手前から商品を取ることをすすめるポスターです。よって、空らんには「たなの手前の商品」が入ることが分かります。

❹ 【図】の［　］アには、「食品ロスで一世帯あたり月五〇〇〇円のムダが!」と書かれています。これは、【文章】の第六・七段落にある売れ残った食品が捨てられるときにかかる費用についてのせつ明と共通のことを表しています。つまり、食品の処理費用にかかる税金のことを指しているのです。

53 せつ明文 くらべて読む おうよう 108・109ページ

❶ 安く大量に
❷ 貧しいまま・［れい］服を山ほどつくって、新しくても余ったらすてるから。
❸ イ
❹ ［れい］安い服を買わずに、かんきょうによいそざいを使っている服を買う。

かいせつ

❷ 表にファストファッションの問題とその原いんをまとめます。一つ目は、②――の後にある、「と上国の人たち」についての問題だと分かるので、「貧しいまま」を書きぬきます。二つ目は、段落のさい後の「ゴミやCO_2をたくさん出す」問題だと分かるので、その前の「服を山ほどつくって、〜余ったらすてちゃう」をもとに書きます。

❸ あやのさんが「買った服」を「大切に着ようと思った」理由を考えます。【文章】の第二段落を見ると、ファストファッションの問題は、まだ着られる服をすててしまうことだと分かります。よって、イが正かいです。

54 せつ明文 くらべて読む おうよう 110・111ページ

❶ 四・七 ❷ 木〈森〉・管理して利用

❸ ア…天然林 イ…人工林

❹ れい・人工林の木で作られたせい品をなるべく使うようにする。

・日本の木材を使ったわりばしや、紙パックの商品を買う。

かいせつ

❶ 森林利用率について、「スウェーデンやフィンランドは～七割」「日本は四割」とせつ明しています。

❸ 【しりょう】の ア ・ イ の後にあるせつ明に注目します。アの後には、「自然に～成長してできた森林」とあることからアは「天然林」、イの後には、「人の手で～育ててきた森林」とあることからイは「人工林」が合うことが分かります。

❹ 【文章】には日本の森林利用率が少ないことや、人工林は適切な手入れをしないとあれてしまうことが書かれているので、日本の木材や人工林の木で作られたせい品を使うようにすることなどがあげられます。

くらべて読むとき

文章やしりょうなどをくらべるときは、同じところ・ちがうところに注目しましょう。

れい 110・111ページの【文章】と【しりょう】、【会話】

【文章】新美景子『自然と環境をまもるきまり』

【しりょう】農林水産省「ジュニア農林水産白書」

【会話】あみさんと先生の会話

・同じところ…森林の利用についてのべている。

・ちがうところ

…【文章】は、「森林利用率」をあげて、森林を管理して利用していくことの大切さをのべている。

…【しりょう】は、森林のしゅるいをくわしくせつ明している。

…【会話】は、森林にかかわる仕事をする人をふやす方ほうについて話している。

55 物語 たしかめテスト①

112・113ページ

❶ 葉っぱ（の絵）・せかせかひつじ

❷ れい わるいことをした〈ひどいことをした〉・あやまった

❸ ウ

❹ れい かなしいとおもった〈がっかりした〉・おもったよりもいい絵だと、気に入った〈あかるい気持ちになった〉。

かいせつ

❶ ①——の後ののろのろひつじのこころの中の言葉をよく読みましょう。

❷ ②——の次のまとまりを読んで、（　）に合う言葉を考えましょう。

❸ ③——の直前の「そうおもってみると、」に注目します。「そう」は、さらに前の「森は、かんせいして〜かがやいているのです。」の部分を指しています。

❹ はじめは、かってに葉っぱをかかれたことがかなしく、がっかりしていましたが、森がかんせいしていくのをみて、おもったよりもいい絵だと感じ、あかるい気持ちになりました。

56 せつ明文 たしかめテスト②

114・115ページ

❶ 周期・分せき　❷ イ

❸ 場所・過ごしてきたか　❹ ウ

かいせつ

❶ ①——の後に、「昔の人のなにげない日記や、ちょっとした書きつけ（メモ）や手紙などから、どのぐらいの周期で大きな地しんが発生するかまで分せきできる例があるから」とあります。

❷ ②——の後に、「デジタルデータでは、古書の紙がもつ手ざわりや重み、においなど、五感にうったえる質感は再現できません」とあります。

❸ ③——の後の金野さんの言葉を見ると、「紙に向きあっていると、その紙がいつ、どんな場所で生まれ、どんなふうに過ごしてきたかまで想像できるんです。」とあります。

❹ ④——の前の金野さんの言葉の中に、「長い時間を生きのびてきた紙には、現在までの人々の記おくまで残されているのです」とあります。

57 詩とかんしょう文 たしかめテスト③

116・117ページ

1 (1)イ (2)二・とても遠くまで飛んでいってしまった
2 ウ
3 人間のたのしい気持ちや理想

かいせつ

1 (1)①――では「たかく」、②――では「どこまでも」という言葉が、くり返されています。表現のくふうには、他に94ページで出てきた「たとえ」などがあります。
(2)【かんしょう文】の二文目に注目します。「たかく」と「どこまでも」をくり返すことによって、「とても遠くまで飛んでいってしまったこと」が強調されているとあります。

2 ③――には、蝶がかえって来なかったことに対する気持ちがこめられています。その気持ちを【かんしょう文】の四文目から読み取りましょう。

3 【かんしょう文】のさい後の文に注目します。

58 せつ明文 たしかめテスト④

118・119ページ

1 二酸化炭素〈CO_2〉・にげる・あたたまる
2 温室効果ガス・熱・気温
3 排出量・吸収量・ゼロ
4 ア

かいせつ

1 ①――の前に「このしくみ」とあるので、前の部分に注目します。「地球の大気にふくまれる～あたたまる。」とあるので、この部分をもとに書きます。

2 ②――の前に「これが」とあるので、前の部分に注目します。「大気中の温室効果ガスが～気温が上がっている」とあるので、この部分をもとに書きます。

3 ③――の後で、カーボンニュートラルについてくわしくせつ明されています。

4 ③で、【文章2】から「カーボンニュートラル」は温室効果ガスの排出量を実質的にゼロにすることだと読み取りました。【文章1】から温室効果ガスは地球温暖化の原いんになることが分かるので、地球温暖化をかい決するための取り組みであると分かります。よって、アが正かいです。

2407R2